Salka Schwarz

Stil

Genuss beim Essen

Salka Schwarz

Stil

Genuss beim Essen

NIKOL
VERLAG

Die *Deutsche Nationalbibliothek* verzeichnet diese Publikation in der *Deutschen Nationalbibliografie*; detaillierte bibliografische Daten sind im Internet über *http://dnb.d-nb.de abrufbar.*

—

Genehmigte Lizenzausgabe für
Nikol Verlagsgesellschaft mbH & Co. KG, 2016

www.dom-publishers.com

—

—

Ilustrationen
Natascha Meuser, Berlin

—

Lektorat
Sybille Kalinka, Hamburg

—

Grafik, Layout
Rüdiger Fandler, Berlin

—

Umschlag
Jürgen Hetz, denksportler Grafikmanufaktur

—

Druck
Finidr s.r.o.
Printed in the Czech Republic

—

ISBN: 978-3-86820-318-9

—

www.nikol-verlag.de

«Leuten von gewissem Stande und einer nicht ganz gemeinen Erziehung ist das [was eine feine Erziehung verrät] in der ersten Jugend schon eingeprägt worden; nur erinnere ich, daß diese kleinen Dinge in mancher Leute Augen keine kleinen Dinge sind und daß oft unsre zeitliche Wohlfahrt in solcher Leute Händen ist.»

{**Freiherr von Knigge, Über den Umgang mit Menschen, S. 64-65**}

... wusste bereits ein kluger Aristokrat im 18. Jahrhundert. Und längst ist vielen Menschen erneut bewusst, wie wichtig die «kleinen Dinge» auch heute noch sein können. Doch das allein ist nicht der Grund dafür, dass es in den vergangenen zwanzig Jahren zu einer Renaissance der Höflichkeit in unserer Gesellschaft kam, und es ist auch nicht das alleinige Motiv für mich, Ihnen mehr von diesen «kleinen Dinge» zu berichten. Meine eigentliche Absicht ist eine andere.

Dieses Buch ist ein geordnetes Sammelsurium von kleinen Texten rund um das Thema «Stil – Genuss beim Essen». Jeder Text gibt nicht nur Antwort auf eine konkrete Benimm-Frage, sondern erhebt darüber hinaus den Anspruch, Ihnen als Leser etwas Neues, etwas Interessantes und Unterhaltsames zu bieten – mal detaillierter und mal im Überblick. Einige Texte beschreiben darüber hinaus die jeweiligen historischen Entstehungszusammenhänge heutiger Umgangsformen. Schließlich sind manche der heute teils schwer nachvollziehbar erscheinenden Etiketteregeln, die aus Traditionsbewusstsein und Respekt vor der Geschichte ihre Gültigkeit behalten haben, nur mit einem Blick in die Vergangenheit zu erklären.

Oft haben die heute gültigen Regeln aber auch aus rein pragmatischen Gründen ihre Berechtigung, oder sie sind einfach logisch. Häufig treffen freilich mehrere dieser Gründe gleichzeitig zu. Manche der Texte wollen darüber hinaus sensibel machen für Themen, die zwar in engem Zusammenhang mit Etikette stehen und daher nicht vernachlässigt werden dürfen, die jedoch in dem hier gegebenen Rahmen gar nicht ausführlich beantwortet werden können und zu denen ein Spezialist noch viel mehr zu sagen weis.

Wie sehr die Etikette unser tägliches Miteinander in allen Lebensbereichen berührt, macht die hier zusammengestellte bunte Vielfalt deutlich. Etikette ist aus keinem Lebensbereich fortzudenken. Ebenso wenig wie Höflichkeit, die als Sprache der Herzensbildung und als Statussymbol sogar zu einer Art ästhetischer Repräsentation gesamtgesellschaftlicher Etikette avanciert. Höflichkeit ist also auch eine wunderbare Chance, einen Beitrag zum sozialen Frieden in unserer Gesellschaft zu leisten. Höflichkeit ist – wie ein herzliches Lächeln – unwiderstehlich und wird meist sofort belohnt.

Doch welches Auftreten wird von anderen als höflich und damit wertschätzend empfunden? Und was umfasst der heutige Etikettekanon? Was sind gute Manieren und was ist schlechtes Benehmen? Und was sind nunmehr die «kleinen Dinge»? Auch auf diese Fragen möchte ich in diesem Buch Antworten geben.

Dabei liegt mir daran, Ihnen – auf klare und nötigenfalls auch unverblümte Weise – Wissen zu vermitteln, das vor allem nützlich und interessant ist. Dieses Wissen befähigt Sie, zu erkennen, welches Auftreten in verschiedenen Situationen Ihres persönlichen Lebens angemessen ist. Darüber hinaus werden Sie mit der Kenntnis der Regeln Ihre eigene individuelle Mischung finden, so dass trotz aller Regeln Ihre Individualität, Ihre Persönlichkeit, nicht zu kurz kommt. Sie werden erkennen, dass Ihr Auftreten «nur angemessen» sein muss, um als Wertschatzung des anderen aufgefasst zu werden. Sie werden verstehen, dass Höflichkeit den menschlichen Grundbedürfnissen nach Respekt und Achtung entgegenkommt. Außerdem wünsche ich mir, dass es Ihnen Freude bereitet, zu erkennen, wie sich eins zum anderen fugt und sich aus Geboten und Verboten, Konventionen und Kodizes, Traditionen und Neuheiten, Sitten und Gebrauchen, Diplomatien und Empfehlungen ein grösser Ganzes ergibt – die Basis, auf der unser gesellschaftliches Miteinanderumgehen sehr erleichtert wird und auf der es zudem auch noch angenehmer wird, in der Gesellschaft anderer zu sein.

Mit zwei Zitaten aus der Feder des bereits erwähnten Herrn verrate ich Ihnen schon einmal, was sich hinter dem «nur angemessenen» Auftreten verbirgt: einerseits nämlich die Forderung «Lerne den Ton der Gesellschaft annehmen, in welcher Du Dich befindest» **{Über den Umgang mit Menschen, S. 50}** und auf der anderen Seite der Appell «Sei, was Du bist, immer ganz und immer derselbe» **{Über den Umgang mit Menschen, S. 68}**. Der, der das schrieb, war kein Geringerer als Freiherr Adolph von Knigge. Er wird sehr häufig in dem vorliegenden Buch zu Wort kommen und Sie werden sehen, wie zeitgemäß seine Ansichten teilweise noch heute sind. Und manche von Ihnen werden staunen, dass er ein ganz anderer Mensch war, als sie bisher zu wissen glaubten. Auch das ist mein Anliegen: Ich mochte Sie neugierig machen, den Bestseller *Über den Umgang mit Menschen* zu lesen, in dem der berühmte Adelige 1788 den normalen Bürgern die Geheimcodes der höheren Gesellschaft für den esprit de conduite – die Kunst des Umgangs mit Menschen – verriet.

Und so schließt sich dann auch der Kreis: Nicht nur jeder Einzelne, sondern unsere gesamte Gesellschaft verlangt nach den «kleinen Dinge» genauso wie nach den offenkundigen Zeichen für Wertschatzung. Dieses Buch setzt sich aus Kolumnen und aus Antworten auf Leserbriefe oder aus Fragen meiner Seminarteilnehmer und Klienten zur Thematik «Stil – Genuss beim Essen» zusammen; teilweise sind diese Texte – in kürzerer Form – bereits veröffentlicht worden. Da jeder Text in sich abgeschlossen ist, können Sie das Buch entweder von der ersten bis zur letzten Seite durchlesen oder aber mal hier und mal dort eine Antwort bekommen. Manche Frage hatte ich zwar ganz einfach mit Ja oder Nein oder mit einem einzigen Satz beantworten können, doch ich habe viel lieber etwas weiter ausgeholt, weil die Kenntnis der Hintergrunde zum Verstehen meist unerlässlich ist und auch, weil es einfach interessant ist, Herleitungen nachzuvollziehen.

So kommt es, dass Wiederholungen sich nicht ganz vermeiden ließen; schließlich gehören viele Erklärungen und Hintergrunde in die verschiedensten Zusammenhange. Allen Texten jedoch ist gemein, dass ich stets und mit Absicht eher auf eine formelle Einladung, eher auf das Gourmetrestaurant, eher auf glattes Parkett, eher auf ein hochoffizielles Ereignis eingegangen bin, denn ich bin mir gewiss, dass derjenige, der sich dort sicher und souverän zu bewegen weis und in solchen schwierigeren Situationen nicht in Verlegenheit kommt, auch bei zwangloseren Zusammenkünften mühelos den richtigen Ton treffen wird.

Die Idee, aus den einzelnen Texten ein Buch zu machen, verdanke ich den Lesern meiner Kolumnen. Für die Möglichkeit, dieses Vorhaben in die Tat umzusetzen, bin ich DOM publishers und auch dem Nikol Verlag zu Dank verpflichtet. Er gilt namentlich Philipp Meuser wie Marc Nikol und beiden eigens für die stets vertrauensvolle Zusammenarbeit. Ganz besonders herzlich bedanke ich mich bei Natascha Meuser: Ohne ihre charmanten Illustrationen wäre das Buch nicht so schön geworden. Mit ihr zu arbeiten, ist eine Freude und eine Bereicherung – auch für *die Erziehung des Blicks.*

Ein grösser Dankeschön gebührt meinen Seminarteilnehmern und Klienten, von deren Erfahrungen ich profitieren durfte, für ihr großes Interesse, für ihre vielen Anregungen und dafür, dass sie mir immer wieder versicherten: *Besonders gut fand ich, dass Sie so pingelig waren.*

Selbstverständlich steht es Ihnen, liebe Leser, frei, andere Ansichten als die in dem vorliegenden Buch beschriebenen zu haben und mir zu widersprechen. Darüber diskutiere ich gern mit Ihnen. Doch zunächst bitte ich Sie um einen Vorschuss an Sympathie für die Sache, denn ohne Sympathie wurde ein Verstehen erschwert.

Zum Schluss noch ein paar Worte zur Verwendung geschlechtsspezifischer Bezeichnungen. Natürlich ist es mir wichtig, Frauen und Männer gleichermaßen anzusprechen, und immer dann, wenn nicht explizit von Frauen oder Männern die Rede ist bzw. wenn es aus dem Kontext erkennbar ist, sind selbstverständlich beide Geschlechter gemeint. Ich habe bewusst darauf verzichtet, über *ihn* oder *sie, die Gastgeberin* oder *den Gastgeber, den Kunden* oder *die Kundin, weibliche* und *männliche Führungskräfte* etc. zu schreiben, um die manchmal verzwickten Darstellungen nicht zusätzlich noch umständlich zu formulieren. Und darüber hinausgehe ich davon aus, dass moderne Menschen heute – zumindest was Fragen der Umgangsformen betrifft – auf solche geschlechtsspezifischen Formulierungen selbstbewusst verzichten können.

Salka Schwarz

Inhalt

Ein Blick zurück

Gemeinsamer Genuss beim langsamen Essen

Besondere Gelegenheiten – privat, beruflich und in Gesellschaft

Ein Blick zurück

Knigge war ganz anders

Wer war Freiherr Adolph von Knigge?

Er war einer der bedeutendsten deutschen Aufklärer des 18. Jahrhunderts, begeisterter Freimaurer, scharfsinniger Philosoph und streitbarer Publizist: Freiherr Adolph Franz Friedrich Ludwig von Knigge, salopp einfach Knigge. Doch prominent wurde er vor allem mit seinem von Anfang an missverstandenen Werk *Über den Umgang mit Menschen* – durch dieses Buch wurde sein Name zum Synonym für Anstandsregeln und gute Kinderstube.

Der Zicken-Knigge – Business Knigge – Der neue Knigge – Party-Knigge – Der Knigge für Hund und Halter – Kinder-Knigge – Der Autofahrer-Knigge ...

Mit all diesen mehr oder weniger ernst gemeinten Ratgebern hat Freiherr von Knigge nur wenig zu tun. Er hat weder über den richtigen Umgang mit Messer, Gabel und Löffel am Esstische philosophiert noch jemals verboten, Fisch oder Gemüse mit dem Messer zu schneiden. Auch die Frage, wann und wo welcher Abendanzug angemessen ist und ob der Handkuss unter freiem Himmel schicklich sei, war ihm keine Zeile wert.

Der berühmte Adelige konnte nicht ahnen, dass er einmal als Etikettehüter und Erfinder der feinen Manieren in die Geschichte eingehen und dass sein Werk schon kurz nach seinem Tod, nach diversen Erweiterungen und Verschlimmbesserungen, zur Benimmfibel reduziert werden würde. Zwar wurden bereits im 19. Jahrhundert diese textlichen Redigierungen weitestgehend rückgängig gemacht, doch auch heute noch – 200 Jahre nach seinem Tod – kann bei jeder vermeintlich passenden Gelegenheit gefahrlos der angebliche *Knigge* zitiert werden. Und das ist wohl nur dadurch zu erklären, dass kaum einer das Original seines Bestsellers je gelesen hat.

Tatsächlich ist Freiherr von Knigges Hauptwerk *Über den Umgang mit Menschen* vielmehr eine recht weitsichtige Betrachtung über den individuellen und gesellschaftlichen Anstand in Deutschland. Zugleich ist seine Sammlung philosophischer Ratschläge und soziologischer Betrachtungen eine sowohl praktische als auch höchst aktuelle Anleitung, um «... die Kunst des Umgangs mit Menschen – ...; die Kunst, sich bemerkbar, geltend, geachtet zu machen, ...; sich ungezwungen in den Ton jeder Gesellschaft stimmen zu können, ohne weder Eigentümlichkeit des Charakters zu verlieren, noch sich zu niedriger Schmeichelei herabzulassen» **{Über den Umgang mit Menschen, S. 23}** zu erlernen.

Doch mit seiner insofern vernünftigen, ganz pragmatischen und obendrein verblüffend en vogue erscheinenden Lebensphilosophie gab der revolutionäre Edelmann als Wegbereiter für Demokratie und Aufklärung 1788 – ein Jahr vor der Französischen Revolution – jungen Männern des aufstiegsorientierten Bürgertums in Deutschland die Umgangsformen des Adels und somit die Geheimcodes des damaligen guten Stils in die Hand. Dessen war er sich als politischer Journalist auch wohlbewusst, und ebenso konnte er sich denken, dass man bei Hofe seine Publikationen nicht gern sehen würde – ging dem Adel doch so die Exklusivität der guten Manieren verloren, die auch damals schon als Statussymbol Voraussetzung für Karrieren, Macht und Einfluss waren.

Gerade aber gegen diesen Despotismus der Aristokratie kämpfte Freiherr von Knigge an und bereits der erste Satz seines Buches – «Jeder Mensch gilt in dieser Welt nur so viel, als wozu er sich selbst macht.» **{Über den Umgang mit Menschen, S. 37}** – und darüber hinaus solche Ratschläge wie «Man messe sein Betragen gegen Hofleute pünktlich nach dem ihrigen gegen uns ab und gehe ihnen keinen Schritt entgegen. Diese Menschengattung nimmt eine Handbreit, wo man ihnen einen Fingerbreit einräumt. Man erwidere Stolz mit Stolz, Kälte mit Kälte, Freundlichkeit mit Freundlichkeit, gebe aber nicht mehr und nicht weniger als man empfängt.» **{Über den Umgang mit Menschen, S. 323}** machten aus seinem Standpunkt zur Klassenfrage keinen Hehl und führten unausweichlich zu Ressentiments aufseiten seiner Standesgenossen.

Freiherr von Knigge – 1752 geboren und früh verwaist – trat bereits als Jurastudent nach dem Vorbild seines Vaters einer Freimaurerloge bei; Logen boten ihm und der bürgerlichen Aufklärungsbewegung in der Zeit vor der Französischen Revolution den notwendigen intellektuellen Freiraum für ihre Ideen. Ihn begeisterten die Ideale der Französischen Revolution; er sympathisierte mit dem von der Aufklärung beeinflussten Bürgertum und er trat für dessen soziale und politische Gleichstellung mit dem Adel ein. Sein Streben nach Rechtsgleichheit des Bürgertums und somit gegen die Privilegierung der Adelsstände verband ihn zwar mit prominenten Gleichgesinnten seiner Zeit wie Friedrich Gottlieb Klopstock, Johann Wolfgang von Goethe, Johann Gottfried Herder oder Friedrich von Schiller, setzte ihn aber auch der immer heftiger werdenden Kritik des deutschen Adels aus. Man beschuldigte ihn, ein Klassenverräter und Volksaufwiegler zu sein, und bewertete seine Schriften als getarnte Empfehlung zur Revolution. Das machte ihn zum blaublütigen Außenseiter und führte letztlich zum Bruch mit dem Adel. 1792 strich er daraufhin selbst das Adelsprädikat *von* aus seinem Namen. Er nannte sich fortan nicht mehr Freiherr von Knigge, sondern freier Herr Knigge.

Obwohl der freie Herr (von) Knigge das deutsche Volk mit seinen immer wieder geäußerten revolutionären Positionen wie wohl kein zweiter deutscher Schriftsteller seiner Zeit polarisierte, bescherte ihm *Über den Umgang mit Menschen* doch bereits zu Lebzeiten großen Erfolg. Das Werk fehlte in keinem bürgerlichen Bücherregal und avancierte zu einem Klassiker der deutschen Geistes- und Sozialgeschichte. Der Freigeist Knigge starb am 6. Mai 1796 in Bremen.

PS: Freiherr (von) Knigge heiratete im August 1773 das wohlhabende Kasseler Hoffräulein Henriette von Baumbach, ein Jahr später wurde das einzige Kind Philippine Auguste Amalie geboren. Seine Tochter heiratete 1793 den Offizier Freiherrn Claus Friedrich von Reden, so dass es keine direkten Nachkommen des Freiherrn Adolph Franz Friedrich Ludwig (von) Knigge mit dem heutigen Familiennamen *Freiherr Knigge* geben kann.

Etikette

Woher stammt der Begriff *Etikette*?

Der Begriff *Etikette* wird heute in Nachschlagewerken als die Gesamtheit der von den höfischen Sitten abgeleiteten Umgangsformen definiert. *Etikette* stammt von dem französischen Wort étiquette – Aufschreibezettel. Auf den étiquettes waren die an Adelshöfen zugelassenen Personen ihrem Rang nach aufgelistet. Demnach steht der Begriff *Etikette* ganz eng mit den Begriffen *Zeremoniell* und *Protokoll* in Zusammenhang, mit denen man auch heute noch die Gesamtheit der Vorschriften und Regeln, insbesondere das Rangreglement, eines Adelshauses oder eines Staates bei feierlichen Anlässen bezeichnet.

Dass der Begriff *Etikette* aus dem Französischen kommt, verwundert nicht, da ja auch sonst eigentlich alles, was heute unter Etikette verstanden wird, französischen Ursprungs ist – stammt es doch aus den französischen Adelshäusern des 16. und 17. Jahrhunderts. In jener Zeit haben sich die europäischen Adelshäuser von den französischen Höfen nicht nur die feinen Manieren abgeschaut, sondern den gesamten Lebensstil übernommen. In sämtliche Höfe Europas hielt nun nicht nur der gleiche Geschmack, sondern auch die gleiche Sprache Einzug. Indem man nämlich fortan Französisch sprach, verfügte man über ein weiteres, besonderes und für jeden deutliches Instrument, um sich von all denen, die nicht zur Noblesse gehörten, abzugrenzen.

Der Begriff *Etikette* wird auch immer wieder namentlich mit Ludwig XIV. (1643-1715), dem sogenannten Sonnenkönig, in Verbindung gebracht. Der absolutistische französische Herrscher mit dem fürstlich-barocken Lebensstil liebte Regelmäßigkeit und Ordnung bis ins Detail. Jedes Zeremoniell der Etikette am Hofe, wie beispielsweise die Regelung darüber, wer den König am Morgen wecken durfte, wer ihm beim Ankleiden helfen oder wer durch welche Tür kommend ihm das Frühstück bringen durfte, hatte seinen eigenen Prestigewert und war als Fetisch peinlichst genau geregelt. Dieses Zeremoniell brachte den Rang und die Würde jedes Privilegierten zum Ausdruck und sorgte gleichzeitig als Zeugnis von der Gunst des Königs für Neid, Konkurrenz, Machtkämpfe und Spannungen, insbesondere unter den rivalisierenden Spitzengruppen.

Norbert Elias macht dies in seinem Werk *Die höfische Gesellschaft* deutlich, wenn er schreibt, dass es sich «nicht um eine rationale Organisation im modernen Sinne [handelte], [...] sondern um einen Organisationstypus, bei dem jeder Aktus den Prestigecharakter erhielt, der mit ihm als Symbol der jeweiligen Machtverteilung verbunden war» **{Die höfische Gesellschaft, S. 145}**.

Auch wenn die Apparatur des Zeremoniells nicht von Ludwig XIV. geschaffen worden war, so baute er sie doch aus, festigte und nutzte sie. So gelang es ihm, seinen Machtspielraum eben mithilfe eines ausgewogenen Systems von spezifischen Strategien, die als Prestige-, Abgrenzungs- und Statussymbol dienten und somit den Adel gewissermaßen gefügig machten, zu bewahren. Insofern war die höfische Etikette für ihn nicht eine bloße Zeremonie, sondern sowohl Distanzierungs- als auch Machtinstrument zur Beherrschung der Untertanen. «Der sichtbarste Ausdruck für diese völlige Abgestelltheit der Herrschaft auf die Person des Königs und ihre Erhöhung oder Abhebung ist die Etikette.» **{Die höfische Gesellschaft, S. 203}**

Seit jener Zeit ist das Wort *Etikette* mit dem höfischen Zeremoniell und den feinen Manieren bei Hofe verknüpft. Wohl wegen dieser elitären Herkunft stößt der Ausdruck *Etikette* bei vielen Menschen nicht nur auf Sympathie; er hat auch einen negativen Beigeschmack, da er zwangsläufig auch an die Gefahr von Fehlverhalten und Peinlichkeiten erinnert. Dabei sind unsere Umgangsformen und die heutige Etikette längst keine gespreizten Benimmregeln mehr; sie sind nichts Negatives, nichts Dogmatisches. Vielmehr soll Etikette heute den Rahmen bieten, in dem die Würde der Menschen gegenseitig geachtet wird und somit die Kommunikation mit jedermann zu einem Vergnügen werden kann. Dies verlangt vor allem Takt und Einfühlungsvermögen.

Heute kann mit der situationsabhängigen und rollengerechten Anwendung von Etiketteregeln im ganz normalen Leben gelingen, was dem Freiherrn von Knigge damals vorschwebte: ein höfliches und respektvolles Miteinanderumgehen.

Logisch, nützlich und tief verwurzelt

Woher kommen eigentlich unsere heutigen Umgangsformen?

Auf der einen Seite soll gar nicht erst der Versuch unternommen werden, den Ursprung und die Geschichte all unserer Umgangsformen darzulegen oder zu erklären, wann welche Manieren gut oder schlecht sind. Es sollen hier nur wenige bescheidene Bemühungen unternommen werden, und nicht mehr. Ganz um einen solchen Versuch herum kommt man nämlich aus dem Grund nicht, da einige Regeln unseres modernen Etikettekanons eben nicht logisch oder nützlich, sondern allein vor historischem Hintergrund verständlich sind. Logische und nützliche Regeln setzen sich freilich leichter durch als jene, die nur mit einem Blick in die Vergangenheit zu verstehen und schließlich nur so auch zu akzeptieren sind. Dabei müssen wir nur wenige Jahrhunderte zurückschauen, um diese schließlich allgemein anerkannten Sitten und Gebräuche aus Respekt vor der Geschichte sowie aus Sympathie respektieren zu können.

Sobald Menschen in einer Gesellschaft zusammenleben, müssen Regeln her, das ist sicher keine Frage. Gebote und Verbote – das sind Verhaltensregeln, die als Gesetzesnormen gelten, und solche, auf die man sich innerhalb einer Gesellschaftsgruppe geeinigt hat. Letztere Verhaltensnormen, auch Benimmregeln und Umgangsformen genannt, sind seit Tausenden Jahren von sämtlichen Kulturvölkern schriftlich dokumentiert. Von allgemeinen philosophischen Anschauungen, über Erziehungsratschläge bis hin zu detaillierten Benimmregeln beim Essen richteten diese Regeln sich jedoch nur an die Mitglieder der jeweils herrschenden Schicht, die – unabhängig von ihren Leistungen und Fähigkeiten – in der neueren Soziologie als *Eliten* bezeichnet werden.

Diese oft bis ins Kleinste festgelegten Verhaltensnormen waren seit jeher nicht nur Klassenmerkmal, sondern auch Statussymbol, mit denen sich die Mitglieder einer Klasse von denen, die nicht zu ihnen gehören (sollen), abgrenzen (wollen). Und das ist heute im Wesentlichen nicht anders. Wie der Dortmunder Soziologe und Eliteforscher Professor Michael Hartmann in seinen Forschungen 2005 bestätigt fand, umgibt sich beispielsweise auch die deutsche Wirtschaftselite am liebsten mit Neulingen, die ihnen im Verhalten und im Aussehen ähneln – da kommt es eben auch auf die Nuancen an, man erkennt sich intuitiv.

Wenn es nun um die moderne gute Erziehung geht, ist zwar die gesamte menschliche Entwicklung von Bedeutung, doch die heute noch am deutlichsten sichtbaren Spuren hat das Mittelalter hinterlassen: zum einen die Ritterzeit – sämtliche Begrüßungsrituale und Regeln zum Protokoll stammen aus dieser Zeit – und zum anderen die höfische Etikette. Überbleibsel der höfischen Etiketteregeln finden wir insbesondere in den Kavaliers- und Höflichkeitsgesten, in den immer noch sehr strengen Tisch- und Essmanieren, aber auch in der festlichen Kleidung.

Dass das so ist, verdanken wir vor allem der Annäherung von bürgerlichen und höfischen Umgangsformen und der damit verbundenen allgemeinen Verfeinerung der Sitten im ausgehenden Mittelalter. Es war ein Prozess von mehreren Hundert Jahren, bei dem die von Hofleuten lediglich für ihre eigene Erziehung aufgeschriebenen – und streng bewachten – Verhaltensnormen durch die jeweils niedrigstehendere Schicht ausgekundschaftet und imitiert wurden. Doch wenn die Bürger diese Verhaltensnormen übernahmen, fügten die Höfe augenblicklich noch diffizilere Regeln hinzu – so dass den aufstiegsinteressierten Bürgern wieder nicht die letzten Finessen in den Umgangsformen der feinen Gesellschaft bekannt waren, mit denen der Adel seine Stellung nach unten und nach oben hin zu demonstrieren wusste.

Doch die neureichen Bürger wollten partout dabei sein und sich ihrerseits nach unten abgrenzen. So ging es dann hin und her: Sobald sich die Bürger die aktuellen Benimmregeln angeeignet hatten, legte man bei Hofe nach. Das Ergebnis waren übertriebene und sinnentleerte komplizierte Regeln, mit denen wir uns heute gar nicht mehr auskennen würden. Letztendlich geblieben sind logische, nützliche, angenehme sowie auch einige willkürlich erscheinende Regeln, die nur historisch zu erklären sind – und außerdem das schöne Wort *Höflichkeit*.

Erst gegen Ende des 18. Jahrhunderts kam es unter dem Druck des Bürgertums, dessen Wohlstand und Bildung stetig zunahm, und von Teilen der höfischen Gesellschaft, die fasziniert waren von aufklärerischen Ideen zu Gerechtigkeit, Vernünftigkeit, Menschlichkeit und Bildung für alle, zu einer Entwicklung in der bürgerlichen Gesellschaft, die bis heute anhält – dem Prozess der Zivilisation (von lat. *civis* = Bürger).

Umgangsformen heute

Gibt es denn heute überhaupt noch so strenge Benimmregeln?

Zeitgemäße Umgangsformen sind keine strikten Anstandsregeln und kein dogmatischer Formenzwang, sie sind vielmehr getragen von dem Respekt und der Achtung dem anderen gegenüber, sowie situations- und rollenabhängig. Das hat zwar auf der einen Seite vor allem viele Vorteile, doch auf der anderen Seite kommt es – gerade weil die Regeln heute so variabel anzuwenden sind – auch zu großen Unsicherheiten.

Dafür gibt es ganz unterschiedliche Ursachen:

1. **Das Nebeneinander moderner und traditioneller Umgangsformen**
   So bleibt eine ältere, traditionell erzogene Frau bei der Begrüßung sitzen, weil sie es als ein Privileg ansieht, sitzen bleiben zu dürfen, während eine jüngere Frau aufsteht – weil sie mit ihrem Gegenüber auf Augenhöhe sein möchte.
2. **Die Demokratisierung der Umgangsformen seit der 68er-Bewegung**
   Mit dem Generalverdacht der Achtundsechziger gegenüber Autorität und Hierarchien sind zwar viele sinnentleerte Regelungen abgeschafft worden, gleichzeitig jedoch auch solche Regeln, die die Möglichkeit bieten, durch das eigene Verhalten und Aussehen Respekt auszudrücken.
3. **Die fortschreitende Globalisierung**
   Neben den nationalen Regeln werden interkulturelle Kompetenzen immer wichtiger.
4. **Die neuen Kommunikationstechniken mit dem Bedarf an entsprechenden Umgangsformen**
   Hier ist ein ganz neuer Etikettekanon entstanden, die sogenannte Netikette – Etikette im Netz.
5. **Die Emanzipation der Frau**
   Sie hat wahrscheinlich zu den größten Verunsicherungen geführt – bei Frauen und bei Männern. Frauen sind heute gleichberechtigt, selbstständig und berufstätig. Das führte auch zu einer Differenzierung der Umgangsformen – für das Privatleben einerseits und für das Berufsleben andererseits.

Heute muss man also auf ein vielschichtiges Repertoire an Verhaltensweisen zurückgreifen können und wissen, welcher Ton angemessen ist, um in der jeweiligen Situation souverän aufzutreten. Weil es aber so viele verschiedene, vom jeweiligen Kontext abhängige richtige Verhaltensweisen gibt, ist es immer wichtig zu prüfen, ob man sich in einer privaten oder in einer beruflichen Situation befindet, ob es sich um ein offizielles oder um ein inoffizielles Ereignis handelt und mit welchen Personen man zusammen ist. Die Voraussetzung für adäquates Verhalten ist allerdings, dass man sich immer klar der Rolle, die man gerade verkörpert, bewusst ist.

Doch egal, wo man sich befindet, ob auf einem Ball, im Schwimmbad oder im Büro, ob zusammen mit Kindern oder älteren Menschen, mit Ausländern oder Landsleuten, mit dem Vorstand oder Mitarbeitern; egal, ob man selbst gerade als Gastgeberin oder Gast, Mitarbeiter oder Chefin, Vater beim Klassenausflug, Spieler auf der Ersatzbank oder Ausländer auftritt: Man muss authentisch bleiben, um glaubwürdig zu sein. Mitmenschen sollten sich darauf verlassen können, dass man sich immer so und nicht anders verhalten wird. Niemand sollte sich verstellen, verbiegen oder vorgeben, ein anderer Mensch zu sein.

Parkettsicherheit ist Übungssache. Man kann sie trainieren, indem man sich unter verschiedene Menschengruppen mischt und jede Gelegenheit bewusst nutzt, mit Menschen aus unterschiedlichen Milieus zu kommunizieren, um so die eigene Sicherheit im Auftreten gegenüber jedermann zu erhöhen. Das kann im Taxi oder im Supermarkt sein, beim Zusammentreffen mit Jugendlichen und mit dem Vorstandsvorsitzenden, der zufällig im Fahrstuhl steht; es lässt sich mal in einer Studentenkneipe ausprobieren und mal in einem Gourmetrestaurant. Doch nur, wenn das Verhalten wirklich zu dem Menschen gehört, wenn es also von Herzen kommt und überzeugend wirkt – dann ist es glaubwürdig und sympathisch.

CAVIAR

Gemeinsamer Genuss beim langsamen Essen

Geschäftsessen ist kein reines Vergnügen

Unterscheidet sich eine Einladung zum Geschäftsessen von einer normalen Essenseinladung?

Überall auf der Welt gehen Menschen, bevor sie wichtige (Geschäfts-)Beziehungen miteinander eingehen, gemeinsam essen. So ein Geschäftsessen ist dann kein reines Vergnügen, weil es eben – wie bereits der Name deutlich macht – ums Geschäft geht. Wer da glaubt, es gehe allein darum, dass sich Menschen an einen fein gedeckten Tisch setzen, um sich gemeinsam zu ernähren, irrt gewaltig. Vielmehr beurteilen viele Unternehmer und Manager – männlich wie weiblich – ihren Geschäftspartner anhand seines Verhaltens und Aussehens während des Essens. Dies werten sie nicht nur als Maßstab der Kultur jedes Einzelnen, sondern schließen daraus auch oft auf die jeweilige Unternehmenskultur. Daher sollten Sie beim Geschäftsessen als Gastgeber, aber auch als Gast, immer davon ausgehen, dass mit besonderer Aufmerksamkeit von Ihrem persönlichen Auftreten auf das Geschäftsgebaren Ihres Hauses geschlossen werden könnte. Da bekommt der erfahrene Hinweis *Wenn Sie wissen wollen, ob einer was taugt, dann gehen Sie mit ihm essen* auf subtilere Weise als sonst Bedeutung. Nicht nur Stil und Genussfähigkeit, sondern ebenso Großzügigkeit – auch Großzügigkeit im Denken – wird beim Essen bestens offenbart.

Geschäftsessen sind nämlich eine hervorragende Möglichkeit, um Geschäftspartner und oft auch deren Lebens- oder Ehepartner auf neutralem Boden und in angenehmer Atmosphäre besser und privat kennenzulernen, mit dem Ziel, die geschäftlichen Kontakte aufzubauen und zu pflegen oder neue Geschäftspartner oder Kunden zu gewinnen. Darüber hinaus ist es eine Gelegenheit, Geschäftserfolge, Vertragsabschlüsse oder Unternehmensjubiläen zu feiern. Geschäftsessen sind außerdem angebracht, um eine besondere Wertschätzung auszudrücken, um das Wir-Gefühl zu stärken, sogar um kleinere persönliche Auseinandersetzungen zu bereinigen oder um einfach nur *Dankeschön* zu sagen. Geschäftsessen sind letztlich auch eine ideale Möglichkeit, um das eigene Image und das des Unternehmens zu pflegen oder zu verbessern.

Von einem Geschäftsessen ist nur die Rede, wenn es sich um eine offizielle Einladung zum Abendessen handelt und nicht etwa um ein Arbeitsessen oder um ein kleines Mittagessen. Und auch wenn es bei einem Geschäftsessen offenbar allein um Geschäftliches geht, wäre es falsch zu glauben, es dürfte über Geschäftliches gesprochen werden. Nein, jedenfalls sollten nicht die Gastgeber mit diesem Thema beginnen und sie sollten auch versuchen, das Thema zu wechseln, falls die Gäste etwa den bevorstehenden Vertrag thematisieren möchten. Das setzt also voraus, dass die Gastgeber ein paar für ihre Gäste interessante Gesprächsthemen vorbereiten.

Souveränes Auftreten der Gastgeber erfordert daher eine perfekte Vorbereitung und Planung bis ins Detail, um nichts dem Zufall zu überlassen. Beginnend mit der stilvollen Einladung: Zuerst sollte mit den wichtigsten Geschäftspartnern der Termin abgestimmt werden, bevor die offizielle Einladung an alle ausgesprochen wird. Eine gut überlegte Sitzordnung ist immer das A und O einer jeden Veranstaltung, doch bei einem Geschäftsessen wäre es geradezu unverantwortlich, sie nicht genau zu durchdenken. Mit dem Restaurant ist nicht nur ein geeigneter Tisch, sondern möglichst ein eigener Kellner zu vereinbaren und der Zeitplan festzulegen, außerdem sind vorab ein geeignetes Menü und dazu korrespondierende Weine auszuwählen.

Die Besonderheit bei einem Geschäftsessen liegt in der Praxis oft auch darin, dass eine klassische Gastgeberaufgabenverteilung – in Aufgaben für den Gastgeber und Aufgaben für die Gastgeberin – nicht möglich ist. Egal, ob der allein Gastgebende nun ein Mann oder eine Frau ist, er muss dafür sorgen, dass alle klassischen Gastgeberaufgaben erfüllt werden, von wem auch immer. Selbst wenn Gäste eines Geschäftsessens bemerken, dass der allein Gastgebende überfordert zu sein scheint, sollten sie es tunlichst unterlassen, unaufgefordert Gastgeberpflichten zu übernehmen. Mit einem solchen Verhalten würden sie sich nicht hilfsbereit und höflich, sondern belehrend und besserwisserisch verhalten. Vielmehr sollten sie in solchen Situationen über etwaige Pannen hinwegsehen und sich auf ihre Rolle als Gast konzentrieren.

PS: Ein erfolgreiches Geschäftsessen ist dann doch ein Vergnügen.

Gastgeberpflichten – traditionell nur paarweise

Welches sind die klassischen Gastgeberaufgaben beim Abendessen im Gourmet-restaurant?

Bei offiziellen Essenseinladungen spielen traditionelle Etiketteregeln unserer Kulturtradition immer noch eine ganz entscheidende Rolle. Insbesondere für Gastgeber ist die Kenntnis der geltenden Etiketteregeln als Voraussetzung für ihre angemessene Anwendung und das Bewusstsein über den Kerngedanken einer Tischgemeinschaft – Gemeinsamkeit und Teilen – entscheidend dafür, dass die Einladung ein Erfolg wird. Darüber hinaus müssen sich Gastgeber auf dem Parkett der Gastlichkeit ihrer besonderen Rolle als Maître de Plaisir bewusst sein, um sämtliche Gastgeberpflichten wenn nicht aus ihrer Kenntnis heraus, so doch zumindest intuitiv wahrzunehmen. Traditionell ist ja in unserer Kultur die Gastgeberrolle an die Person der Gastgeberin und an die Person des Gastgebers gebunden, so dass vor noch nicht allzu langer Zeit fast immer Paare zum Essen eingeladen haben. Heute ist das natürlich längst anders; dennoch bleibt es dabei, dass falls Einzelpersonen oder zwei Männer oder drei Frauen zum Essen einladen, sämtliche Gastgeberaufgaben erfüllt werden müssen – egal, von wem.

Wenn Sie nun nach klassischer Form als Gastgeber und Gastgeberin zum Essen in ein Restaurant einladen und die Gastgeberaufgaben nach traditioneller Etikette übernehmen wollen, ergeben sich folgende Aufgaben für Sie:

Als Gastgebende sind Sie beide für die gesamte Organisation der Essenseinladung verantwortlich und haben vorab den Stil der Veranstaltung festzulegen, das passende Restaurant auszuwählen, einen bestimmten Tisch zu reservieren und die Gäste stilvoll einzuladen. Am Einladungstag sind Sie bereits eine Viertelstunde eher im Restaurant, um die Gäste begrüßen zu können – erst die Gastgeberin und dann der Gastgeber reichen den Gästen, der Rangfolge entsprechend, die Hand.

Traditioneller Aufgabenbereich für den Gastgeber im Restaurant:

Weisen Sie Ihre Gäste sanft auf die für sie vorgesehenen Plätze. Dabei sollten Sie eine gemischte Runde platzieren, bei der Sie Ihrer Frau gegenübersitzen, keiner Ihrer Gäste neben dem eigenen Partner und möglichst Mann und Frau immer im Wechsel sitzen.

Über den gesamten Abend führen Sie nun Regie und geben vor allem den Rahmen Ihrer Veranstaltung vor. Das ist Ihre Hauptaufgabe. Wird à la carte gegessen, müssen Sie gleich zu Beginn, bei der Auswahl der Speisen, Ihren Gästen mitteilen, wie Sie sich das Abendessen vorgestellt haben, indem Sie sowohl die Anzahl der Gänge (*Ich schlage vor, wir nehmen heute ein viergängiges Menü*) und auch den Preisrahmen (*Hier kann ich Ihnen das Rinderfilet/das Wiener Schnitzel/die Spaghetti sehr empfehlen* oder *Was halten Sie von dem Menü … als Empfehlung des Hauses?*) vorgeben. So wissen die Gäste, in welchem Rahmen sie sich bewegen sollen, wobei sie sich an die Anzahl der vorgeschlagenen Gänge zu halten haben, jedoch die Speisenempfehlung als Vorschlag interpretieren werden.

Des Weiteren übernehmen Sie alle Verhandlungen mit dem Servicepersonal, wählen die Getränke (Aperitif, Wein, Digestif) aus und geben die Gesamtbestellung so auf, dass der Kellner weiß, wer was bekommt. Es ist empfehlenswert, die Gäste so zu dirigieren, dass Sie ein nahezu einheitliches Menü bestellen können. Falls jeder Gast für sich selbst bestellt, wird der ranghöchste Gast damit beginnen, während als Letzte die Gastgeberin und der Gastgeber die Bestellung aufgeben.

Sie wählen den passenden Wein und nehmen den Probierschluck, halten eventuell eine kleine Begrüßungsrede und erheben das erste Glas Wein, um das Weintrinken zu eröffnen – eventuell mit einem Toast. Nach dem Kaffee wäre es nicht falsch, wenn Sie noch einen Digestif anbieten, und Sie sollten den Abend auch in einem angemessenen Zeitrahmen beenden. Selbstverständlich müssen Sie auch noch stilvoll die Rechnung bezahlen, bevor Sie sich darum sorgen, dass alle gut nach Hause kommen.

Traditioneller Aufgabenbereich für die Gastgeberin im Restaurant:

Als Gastgeberin hatten Sie womöglich mehr Aufgaben im Vorfeld zu erledigen, jedoch bei der Veranstaltung selbst beschränken Sie sich darauf, nonverbal das Zeichen zum Essensbeginn zu geben und jeweils als Letzte mit der Besteckspräche die *Ich bin mit dem Gang fertig, Sie können abservieren*-Position einzunehmen, so dass Sie den jeweiligen Gang mit dem langsamsten Esser gemeinsam beenden. Nach dem Essen war es üblich, dass die Gastgeberin die Tafel aufhob und ihre Gäste in den Salon bat. Dort wurde der Kaffee und der Digestif eingenommen – und auch geraucht. Ob Salons bald wieder in Mode kommen, bleibt allerdings abzuwarten.

Als Gastgeber haben Sie beide dafür Sorge zu tragen, dass alle Gäste in die Gespräche einbezogen werden und dass die Veranstaltung für alle Beteiligten ein unvergessliches stilvolles Erlebnis wird. Und dafür ist es auch erforderlich, dass Sie bei einem Malheur stets charmant Contenance bewahren.

Gastgeberin allein im Restaurant

Wie verhält man sich als Frau richtig, wenn man als Gastgeberin einen Geschäftspartner zum Essen ins Restaurant einlädt?

«Kann eine Dame in Herrenbegleitung zahlen? Die einstimmige Antwort all derer, die da ehrlich bemüht sind, der ein wenig verschütteten Etikette zu neuem Glanz zu verhelfen, lautet: Nein – unter keinen Umständen! (Es sei denn, man sähe dem sehr jungen Mann die ersten langen Hosen noch an und die Dame hätte bereits graue Haare – wäre also Mutter, Tante oder wohlwollende Gönnerin.)» So steht es noch 1967 im Buch *Etikette neu.*

Da sich der Gastgeber vom Gast gerade dadurch unterscheidet, dass er die Rechnung zu bezahlen hat, hätten Sie vor vierzig Jahren für das Unterfangen, als Frau einen Mann in ein Restaurant einzuladen, wohl mehr als nur einen strafenden Blick erhalten. Auch heute sind die Unsicherheiten noch immer groß, und zwar auf beiden Seiten. Natürlich gehen Frauen längst allein ins Restaurant und verletzen keine Etiketteregel mehr, wenn sie beruflich oder privat in Begleitung eines Mannes die Rechnung bezahlen wollen. Doch wie Gastgeberinnen sich hinsichtlich der traditionellen Gastgeberaufgaben verhalten sollen, die ja eher als Kavaliersgesten zu interpretieren sind, verunsichert beide gleichermaßen – Männer und Frauen.

Dagegen ist die Vorbereitung auf die Essenseinladung seit jeher die Aufgabe der weiblichen Hälfte des Gastgeberpaars. Auch heute sollten Sie hier selbstverständlich nichts dem Zufall überlassen und jedes Detail gründlich vorbereiten, damit Sie während des Essens Muße haben, sich ganz auf Ihre Gäste zu konzentrieren.

Am Tag der Einladung werden Sie dann sowohl die klassischen Gastgeber- und eben auch die Gastgeberinnenpflichten erfüllen. Damit dabei nichts schiefgeht, sollten Sie sicherheitshalber den Restaurantmitarbeiter darüber in Kenntnis setzen, dass Sie die Gastgeberin sind, damit er sich mit seinen Angeboten ausschließlich an Sie wendet.

Darüber hinaus müssten Sie streng genommen Ihrem Gast die Restauranttür stilvoll aufhalten, ihm den Mantel abnehmen, den Stuhl zurechtrücken, womöglich das Wasser und den Wein nachgießen und vieles Gutes mehr für ihn tun.

Wenn Sie allerdings einen Kavalier jüngeren oder älteren Jahrgangs zum Essen einladen, kann es durchaus sein, dass ihm diese Situation gar nicht recht ist. An jeder Tür kommt er Ihnen zuvor, um sie für Sie aufzuhalten, und hilft Ihnen auch aus dem Mantel, rückt Ihnen den Stuhl zurecht, und sobald Sie nach der Wasserflasche greifen, nimmt er sie Ihnen aus der Hand. Was sollen Sie tun? Gastgeberrolle hin oder her, Sie haben als Gastgeberin vor allem dafür zu sorgen, dass sich Ihre Gäste wohlfühlen – egal, ob beim Geschäftsessen im Restaurant oder privat zu Hause. Daher wäre es stilvoller, die höflich gemeinten Kavaliersgesten lächelnd anzunehmen und sich vielmehr auf die Gastgeberaufgaben zu konzentrieren, die Sie auf keinen Fall an Ihre Gäste abgeben sollten: nämlich, ein geeignetes Restaurant auszuwählen, einen schönen Tisch zu reservieren und eventuell einen Kellner exklusiv für die Bedienung nur an Ihrem Tisch zu ordern. Auch für die Bestellung müssen Sie den Rahmen – die Anzahl der Gänge und das nonverbal formulierte Preisniveau – vorgeben, falls Sie nicht ein einheitliches Menü ausgesucht haben; und Sie müssen den Wein auswählen oder sich darum kümmern, dass es eine andere Person für Sie tut.

Als Gastgeberin haben Sie die Pflicht, sowohl den Wein als auch das Essen zu eröffnen, sich um eine angenehme Unterhaltung zu bemühen, gegebenenfalls geeignete Themen zu setzen und schließlich müssen Sie auch die Rechnung stilvoll bezahlen. Wie Sie sehen, haben Sie allemal ein umfangreiches Aufgabenrepertoire.

Für Alleingastgeber – egal, ob Mann oder Frau – bietet es sich daher an, bei einer größeren Gästezahl die eine oder andere Aufgabe an die Gäste zu delegieren – was insbesondere bei nicht 1a geschultem Service gar nicht anders machbar ist –, um den Erfolg der Essenseinladung nur nicht zu gefährden.

Dass Alleinlebende 1957 offizielle Einladungen nach Hause aussprachen, war ja damals ebenso ungewöhnlich. Was man für einen solchen Fall empfahl klingt aus heutiger Sicht zu drollig, so dass ich es Ihnen nicht vorenthalten möchte: «Wollen sie sich dennoch durch bescheidene Gastlichkeit erkenntlich zeigen, so tun sie es gewöhnlich in einem kleinen Rahmen, den sie leicht und ohne krampfhaften Aufwand auszufüllen vermögen. [...] Will eine Junggesellin wirklich einmal eine Einladung größeren Stils geben, nun, dann wird sie es so einrichten, als wäre sie verheiratet. Mit dem Unterschied, dass sie an Stelle des nicht vorhandenen Personals ein paar gute Freundinnen bitten wird, ihr zur Hand zu gehen. Und diese Freundinnen werden, wenn sie vernünftig sind, nicht das Geringste dabei finden, einen Abend lang um des netten Zwecks willen eine Doppelrolle zu spielen. [...] Junggesellen haben es etwas schwerer – schon weil sie von Hauswirtschaft nichts verstehen und Leckereien zwar mit Vergnügen essen, aber nur selten auch zubereiten können. Deshalb werden sie gut daran tun, sich rechtzeitig einer älteren mütterlichen Freundin, einer Tante oder eines anderen geeigneten weiblichen Wesens zu versichern, das ihnen als Ersatz-Hausfrau zur Seite steht.»

Tischordnung ist Rangordnung

Müssen Tischordnungen sein?

Wichtigster Garant für eine gelungene Veranstaltung ist zweifelsohne eine sorgfältig durchdachte Gästeliste. Sobald die Gästeliste steht und die wichtigsten Gäste fest zugesagt haben, stellt sich die Frage nach der (protokollarischen) Rangfolge der Gäste. Bei einem offiziellen Essen haben Gastgeber die Verantwortung, eine gut durchdachte Sitzordnung auszuarbeiten und dieser zwar mühevollen, aber lohnenden Aufgabe die allergrößte Aufmerksamkeit zu schenken. Selbst wenn Gastgeber ihre festlich gedeckte Tafel nicht gern auf diese Art aufteilen wollen, wäre es viel zu riskant, zu erwarten, dass auch die Gäste es gutheißen, sich einfach irgendwo hinsetzen zu sollen.

Bereits im alten Europa teilte sich eine Tafel in Oben und Unten. «Oben, wo Gastgeber und Ehrengäste saßen, endete bei dem kostbaren Silberaufsatz, der das Salz enthielt. «Unterhalb vom Salz» saßen minder bedeutende Gäste», heißt es im Buch zur *Kulturgeschichte des Essens und Trinkens.* Und sobald eine Platzierung der Gäste vorgenommen wird, ist das im Grunde – ob Gastgeber das wollen oder nicht – heute nicht anders. Jeder Gast weiß – wenn auch nur intuitiv –, wie viel sein Platz wert ist oder wie viel er den Gastgebern wert ist. Jeder Fehler, durch den sich Gäste herabgesetzt fühlen, führt unweigerlich zu Verstimmungen. Zwar wird sich kaum ein Gast sofort beschweren, doch vergessen kann er diese vermeintliche Missachtung womöglich auch nicht. Neben der Rangordnung ist nun ferner auf zahlreiche Gesichtspunkte, wie besondere Charaktere, Sprachkenntnisse und Hobbys, oder auf Ressentiments unter den Gästen Rücksicht zu nehmen, was Taktgefühl und diplomatisches Geschick verlangt.

Rein theoretisch müsste man sich also lediglich ganz genau an diese Vorgaben halten, um niemanden vor den Kopf zu stoßen – die Praxis ist jedoch diffiziler. Das ist im Privatleben nicht anders als im Beruf oder in Gesellschaft. Die Lieblingspatentante ans Ende der Tafel oder die geliebten Eltern so weit weg wie möglich zu setzen, auf den Gedanken kämen Gastgeber wohl kaum. Ebenso werden die wichtigsten Kunden als Ehrengäste dicht neben die Gastgeber platziert, und nicht der Trainee. Gewissenhafte Gastgeber prüfen: Wer sollte, dürfte, müsste weshalb wo sitzen?

Stehlen sich Gastgeber aus dieser Verantwortung, setzen sich Gäste wahrscheinlich mit ihren Partnern nebeneinander oder mit Freunden, Bekannten oder Menschen, die sie kennen, an denselben Tisch. Bei größeren Essenseinladungen ist ein Gedränge und *Ran an die Tische* vorprogrammiert, was immer dem gewünschten Stil der Veranstaltung sehr schaden würde. Somit würde man dem Gastgeber zwar keinen bösen Willen unterstellen, nichtsdestoweniger jedoch verärgert feststellen,

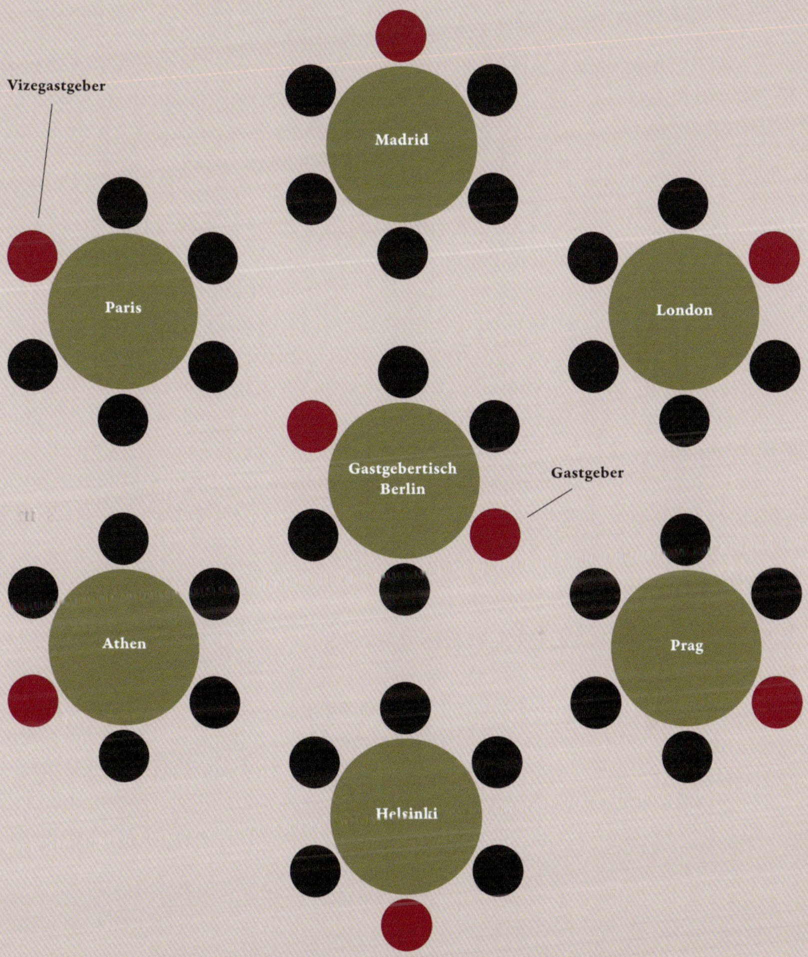

Tischordnung

Alle Gästetische wurden in gleicher Entfernung zum Gastgebertisch aufgestellt und nach Städten benannt. Die Gastgeber sitzen am Mitteltisch zentral, so dass sie jeweils zu einer Raumseite hin Blickkontakt zu Ihren Gästen herstellen können. Darüber hinaus wurden an jedem Gästetisch Repräsentanten der Gastgeber platziert. Sie fungieren als Vizegastgeber – sie sorgen beispielsweise bei Reden für Ruhe und ansonsten für eine gute Unterhaltung.

dass er keine Ahnung hat, keinen Stil und auch nicht weiß, was sich gehört. Diese Regeln der Etikette und des Protokolls sind so alt wie das gemeinsame zivilisierte Essen selbst. Wer sind die wichtigsten Personen an der Tafel? Für jeden unmissverständlich sind es diejenigen, die nahe bei den Gastgebern sitzen.

Um der notwendigen Einteilung in Oben und Unten bei einem offiziellen Essen ein wenig entgegenzuwirken, empfiehlt es sich – nach dem Vorbild von König Artus' Tafelrunde mit seinen zwölf treuen Rittern –, runde Tische anzuordnen. Werden mehrere Tische benötigt, sollten diese – wenn die Gegebenheiten das erlauben – in jeweils gleicher Entfernung vom Gastgebertisch aufgestellt werden und jeweilig von einem kommunikativ versierten Vizegastgeber dirigiert werden. Zudem sollten die Tische nicht durchnummeriert werden, sondern besser mit Namen bezeichnet sein, die in Verbindung mit dem Gastgeber stehen: Berge, die er bestiegen hat, Autotypen der gastgebenden Herstellerfirma, Lieblingsblumen oder Stationen in der persönlichen oder unternehmerischen Geschichte.

Ehrengäste rechts und links

Wie werden Ehrengäste bei einem offiziellen Essen platziert?

Aus der protokollarischen Grundfrage jeder nationalen und internationalen Steh- und Sitzformation *Wer hat die Ehre, an der rechten Seite der Gastgeber zu sein?* resultiert auch die Platzierung der Ehrengäste nach einer (protokollarischen) Rangfolge in *Oben* und *Unten*. Oben ist bei den Gastgebern, wobei traditionell gesehen *ganz oben* nicht etwa beim Gastgeber, sondern bei der Gastgeberin ist.

Davon ausgehend, dass nach klassischer Etikette ein Gastgeber und eine Gastgeberin einladen, sind für eine Platzierung nach den Regeln der Etikette einige wichtige Grundregeln Voraussetzung:

- Gastgeber und Gastgeberin (außer Jubiläumspaare) sitzen sich in der Mitte der Längsseite einer Tafel gegenüber. An einem runden Tisch setzen sie sich ebenfalls gegenüber.
- Kein Gast sitzt neben dem eigenen Partner, jedoch mit ihm an einem Tisch.
- Nach Möglichkeit werden Männer und Frauen abwechselnd platziert.
- Frauen sollen nicht am äußeren Rand einer langen Tafel platziert werden.

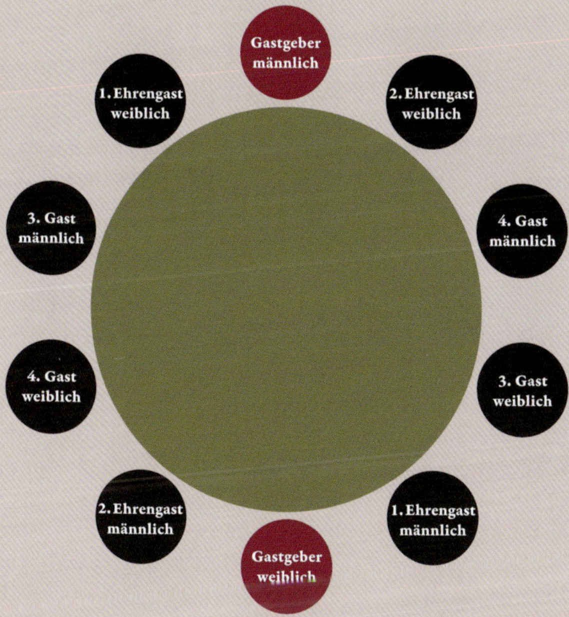

Ein Gastgeberehepaar und vier Ehepaare wurden nach internationaler Tischordnung an einem runden Tisch platziert.

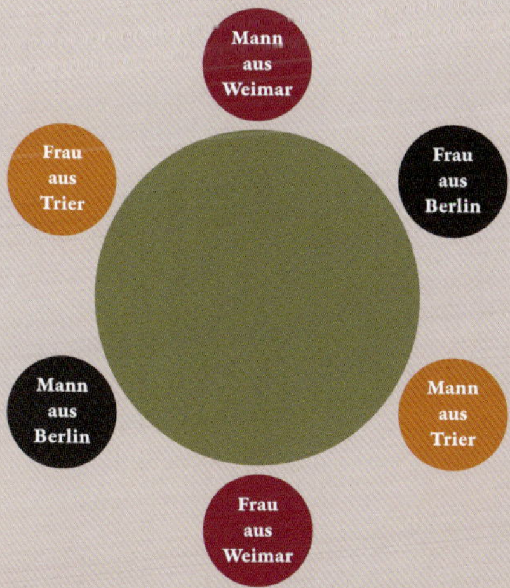

Drei befreundete Paare – aus Weimar, Trier und Berlin – haben sich selbst an einem runden Tisch platziert.

In Deutschland hat man zwei Möglichkeiten, Ehrengäste zu platzieren:

Nach der deutschen und skandinavischen Tischordnung sitzt der ranghöchste männliche Gast links neben der Gastgeberin und ist somit auch ihr Tischherr. Er führt die Gastgeberin zum Tisch, wenn denn zum Tisch geführt wird – das kommt ja nur noch selten vor.

Die heute verbreitetere internationale oder diplomatische Tischordnung sieht dagegen vor, dass der ranghöchste männliche Gast die Gastgeberin zum Tisch führt und rechts neben ihr Platz nimmt – er hat dann die Ehre, an der rechten Seite der Gastgeberin sitzen zu dürfen. Das hat allerdings zur Folge, dass er nicht ihr Tischherr ist. Ihr Tischherr ist der in der Rangfolge an Nummer 2 stehende männliche Gast, der links neben ihr platziert wird. Nach neuesten Empfehlungen kann der ranghöchste Gast, der die Ehre hat, rechts neben der Gastgeberin platziert zu werden, ein Mann oder eine Frau sein. Ganz durchgesetzt hat sich die letztere Praktik, selbst wenn diese Frau aus eigenen Verdiensten heraus der ranghöchste Gast ist, jedoch auch international noch nicht. Von dieser avantgardistischen Empfehlung einmal abgesehen, ist der deutschen und der internationalen Platzierung die Platzierung des ranghöchsten weiblichen Gastes gemein. Der ranghöchste weibliche Gast hat die Ehre, üblicherweise rechts vom Gastgeber Platz nehmen zu dürfen, nachdem der Gastgeber sie zum Tisch führte – im Zweifel ist sie die Frau des ranghöchsten männlichen Gastes. Nach dieser Tischordnung ist der Gastgeber gleichzeitig ihr Tischherr. Der im Rang zweithöchste weibliche Gast sitzt an der linken Seite des Gastgebers.

Die Ehre, neben den Gastgebern sitzen zu dürfen, kann auch den Gästen zuteil werden, die zum ersten Mal eingeladen sind. Außerdem ist es neben der protokollarischen Ordnung nicht minder wichtig, eine harmonische Tischordnung aufzustellen, die die Wahrscheinlichkeit erhöht, dass sich die Gäste gut miteinander unterhalten werden.

Selbstverständlich gelten die Regeln für die Platzierung sinngemäß auch für allein Einladende oder für alle Gastgeberkonstellationen – beruflich, privat und in Gesellschaft. Und sie gelten auch dann, wenn keiner eingeladen hat und Freunde, mehrere Paare oder Gruppen gemeinsam essen gehen. Da müssen nur alle Bescheid wissen und sich ohne Aufforderung so platzieren.

Lange Rede, kurzer Sinn: Egal ob mit Ehrengästen oder ohne, eine gut durchdachte, die Kommunikation fördernde Sitzordnung ist für jedwede Tischgemeinschaft ein verlässlicher Erfolgsgarant.

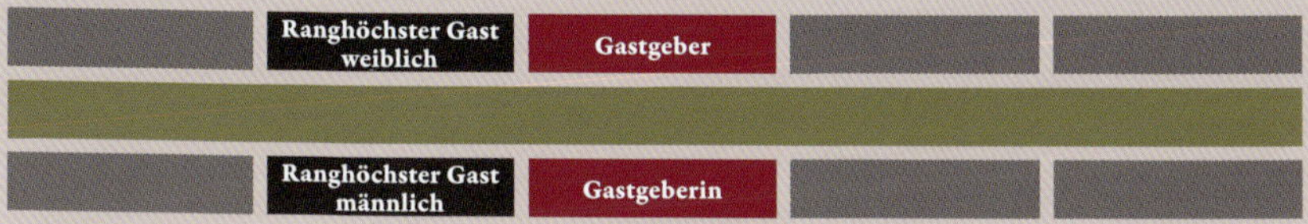

Deutsche und skandinavische Sitzordnung: Der Gastgeber ist der Tischherr des ranghöchsten weiblichen Gastes, und der ranghöchste männliche Gast ist der Tischherr der Gastgeberin.

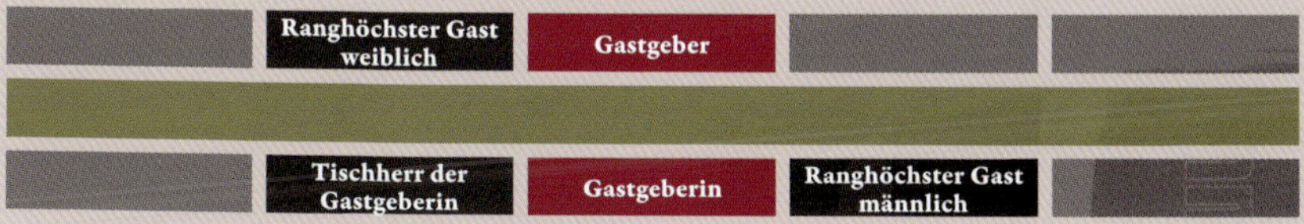

Internationale Sitzordnung: Der Gastgeber ist der Tischherr des ranghöchsten weiblichen Gastes, und der ranghöchste männliche Gast hat die Ehre, an der rechten Seite der Gastgeberin sitzen zu dürfen. Er ist nicht ihr Tischherr. Der im Rang zweithöchste Gast ist der Tischherr der Gastgeberin

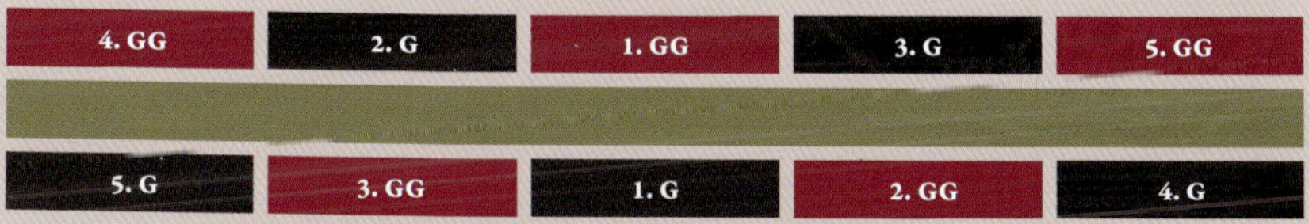

Geschäftsessen nach internationaler Sitzordnung: Fünf Gastgeber (GG) der Firma A und fünf Gäste (G) der Firma B wurden nach internationaler Tischordnung an einer Tafel platziert.

Ein Gastgeberehepaar und vier Ehepaare wurden nach internationaler Tischordnung an einer Tafel platziert.

Tischkarten und Placement

Wie findet jeder auf einem großen Fest mit einer festen Sitzordnung seinen Platz, ohne dass es ein Durcheinander gibt?

Bei Festen mit einer großen Gästezahl empfiehlt es sich unbedingt, vor dem eigentlichen Essen einen Empfang zu geben, bei dem die Gastgeber die Gäste begrüßen und gegebenenfalls miteinander bekannt machen.

Während dieser Begrüßungsphase informieren sich die Gäste mithilfe des im Foyer aufgehängten Sitzplans, dem sogenannten Placement, über ihre Platzierung. Das Placement wird bei einer großen Gästezahl in zwei Versionen angefertigt, bei einer überschaubaren Gästeliste von unter hundert Gästen reicht eine Variante.

1. Placement, alphabetisch sortiert nach Familiennnamen
2. Placement, sortiert nach Tischnamen oder -nummern

Das hat den Vorteil, dass die Gäste auf dem *Placement nach Familiennamen* schnell ihren Tisch finden und anschließend auf dem *Placement nach Tischen* schauen können, wer außerdem am Tisch sitzt. Bereits zu diesem Zeitpunkt können sich die Gäste die Namen und vor allem die Titel der anderen Tischpartner einprägen, um sie später am Tisch korrekt ansprechen zu können. Nur auf dem Placement werden nämlich die vollständigen Namen, also mit sämtlichen Titeln, geführt.

Auf den Tischen sind vor jedem Gedeck von Hand geschriebene Tischkarten aufgestellt, die – auf beiden Seiten (!) – nur noch den Vor- und Familiennamen (ohne Titel) des Gastes tragen. Wurde wegen einer geringeren Gästezahl auf das Placement verzichtet, sind die Tischkarten mit dem vollständigen Namen und Titel zu beschriften. Was allerdings nicht so edel aussieht.

Darüber hinaus werden den Gästen nur noch selten Hilfestellungen für die Platzfindung gegeben, doch gibt es für ganz hochoffizielle Essenseinladungen, bei denen zum Tisch geführt wird, immer noch sogenannte Tischführkarten, die das Placement ergänzen. Sie erleichtern insbesondere den Frauen die Suche nach dem richtigen Tisch, denn Suchen und Führen ist in diesem Fall Männersache. Tischführkarten sind neben dem Placement aufgestellt und enthalten auf der Vorderseite den Namen der männlichen Gäste und auf der Innenseite den Namen ihrer Tischdame, die sie zum Tisch zu führen haben. Jeder Mann sollte sich also zum Ende des Empfanges hin zu seiner Tischdame begeben beziehungsweise, falls er sie nicht kennt, sich eiligst mit ihr bekannt machen lassen. Sobald sich die Türen öffnen und zu Tisch gebeten wird, formieren sich die Gäste paarweise. Als Erster führt – traditionell – der Gastgeber seine Tischdame zum Tisch, danach folgen die Gäste paarweise, und abschließend wird die Gastgeberin vom ranghöchsten männlichen Gast zum Tisch geführt. Erst wenn die Gastgeberin an ihrem Platz ist, nehmen auch die Gäste Platz – zuerst die Frauen, und wenn sie (alle) sitzen, nehmen auch die Männer Platz. Bis dahin bleiben die Männer, nachdem sie den Frauen beim Hinsetzen behilflich waren, hinter ihrem Stuhl stehen. Gekonnt sieht das allerdings nur aus, wenn die Frauen nicht zögern und sich schleunigst hinsetzen wollen.

Am Ende des Essens, wenn die Tafel aufgehoben ist, verlässt in umgekehrter Reihenfolge zuerst die Gastgeberin mit dem ranghöchsten männlichen Gast den Saal, ihr folgen die Gäste paarweise und den Schluss bildet der Gastgeber mit seiner Tischdame. Heute werden die Frauen meist von ihrem eigenen Partner zum Tisch geführt, wo sie dann auf ihren Tischherrn warten müssen, was freilich weniger elegant ist.

Speisenvorschriften und Unverträglichkeiten

Auf welche Essgewohnheiten seiner Gäste sollte man sich als Gastgeber besonders vorbereiten?

Während es für die meisten Gastgeber ausländischer Gäste ganz selbstverständlich ist, sich nach ihren Vorlieben und besonderen Essgewohnheiten zu erkundigen, besteht bei einheimischen Gästen die Gefahr, nachlässiger zu sein und davon auszugehen, dass die sich schon melden würden. Da ist ja auch was dran – doch nicht jeder sagt Bescheid, wenn er bestimmten Speisen aus Glaubens-, Gewissens- oder gesundheitlichen Gründen kritisch gegenübersteht. Daher ist die erste und wichtigste Empfehlung zu dieser Thematik: Gastgeber sollten ihre Gäste danach fragen, ob sie bestimmte Speisen nicht essen möchten oder dürfen, denn unzweifelhaft will jeder Gastgeber doch nichts lieber, als seine Gäste zufriedenzustellen – auch die Speisen und Getränke betreffend.

Zwar wird nicht jeder Christ freitags auf Fleisch verzichten, nicht jeder Moslem dem Alkohol völlig abschwören und nicht jeder Hindu Vegetarier sein, doch Gastgeber, die internationale Gäste empfangen und bewirten, sollten die jeweils wichtigsten Speisenvorschriften kennen und bei der Menüauswahl im Voraus bedenken. Lebensmittelallergien oder Lebensmittelunverträglichkeiten sind so vielfältig, dass hier nicht differenziert darauf eingegangen werden kann. Doch wenn dem Gastgeber diesbezüglich eine Information gegeben wird, ist diese von ihm peinlich genau einzuhalten – ohne Wenn und Aber!

Eine verbreitete Lebensmittelunverträglichkeit soll hier doch hervorgehoben werden: die **Laktose-Intoleranz**. Davon sind über 80% der asiatischen und afrikanischen Bevölkerung betroffen. Sie können Milchzucker nicht richtig verdauen, was zu schweren Reaktionen führen kann. Europäer würden, wegen der Seltenheit dieser Intoleranz bei uns, schon darauf aufmerksam machen, wenn sie davon betroffen sind, doch ausländische Gäste kämen möglicherweise gar nicht auf diesen Gedanken, weil es Milchzucker in ihren Speisen grundsätzlich nicht gibt. Daher sollten Gastgeber entweder von sich aus nachfragen oder das Speisenangebot von vornherein danach ausrichten.

Die **koschere Küche** umfasst die in der jüdischen Religion geltenden Speisegesetze. Sie beziehen sich nicht nur auf die Speise selbst, sondern auch auf die Art der Zubereitung. Schwein, Hase, Fisch ohne Schuppen und Flossen sowie Meeresfrüchte werden gar nicht gegessen. Für die Zubereitung sämtlicher Speisen müssen Fleisch und Milch streng voneinander getrennt werden. Streng koschere Gerichte selbst zu kochen ist sehr schwierig. Für diesbezüglich ungeübte Gastgeber empfiehlt es sich daher, in ein schönes koscheres Restaurant einzuladen.

Die **muslimische Küche** verbietet Schweinefleisch, Blut und Alkohol ganz und erlaubt, wie die jüdische Religion, ansonsten nur Fleisch von Tieren, die geschächtet wurden.

Der **Hinduismus** und auch der **Buddhismus** achten sehr streng auf ihre Speisengesetze. Keinesfalls ist es erlaubt, Rind- oder Kalbfleisch zu essen. Da auch keine Speisen erlaubt sind, für die ein Tier getötet werden musste, spielt die vegetarische Ernährung eine entscheidende Rolle. Ansonsten sind die Regeln innerhalb des Buddhismus und Hinduismus zu vielschichtig, um hier erläutert werden zu können.

Gastgeber haben – egal, ob zu Hause oder im Restaurant – vor allem die Pflicht, diese Besonderheiten zu respektieren und vor Essensbeginn dafür zu sorgen, dass nicht doch einer der Gäste die falsche Speise bekommt.

Der gern gesehene Gast

Wie kann man als Gast zum guten Gelingen eines Essens beitragen?

Bei lockeren Einladungen unter Freunden wird es weniger problematisch sein, den richtigen Ton zu treffen, als bei einer offiziellen Einladung Ihres Chefs in ein Gourmetrestaurant oder wenn die Geschäftspartnerin Ihres Mannes zu sich nach Hause einlädt oder Sie zum Antrittsbesuch bei den potenziellen Schwiegereltern eingeladen sind. Dennoch, egal wo Sie hingehen: Sie befinden sich auf fremdem Terrain und da lauern Fettnäpfchen – überall. Sie sind nämlich als Gast jemand, der zwar mitisst, aber weder direkt noch indirekt für die Zubereitung des Essens verantwortlich zeichnet. Folglich haben Sie, falls Sie wieder eingeladen werden wollen, in solchen Situationen sogar eher Pflichten als Rechte. Sobald Sie die Einladung bekommen haben, erwartet man von Ihnen, dass Sie diese kurzfristig, doch spätestens innerhalb der angegebenen Zeit in der gleichen oder in der gewünschten Form beantworten. Sagen Sie zu, dann müssen Sie kommen. Sagen Sie ab, dann tun Sie das mit Stil und mit einem Ausdruck des Bedauerns.

Am Tag der Einladung kommen Sie pünktlich – in der gewünschten Kleidung – und zumindest dann, wenn Sie nach Hause eingeladen worden sind, sollten Sie ein passendes Geschenk dabei haben – Blumen vielleicht oder eine Flasche Wein. Im Eingangsbereich werden Sie von den Gastgebern begrüßt; so sollte es jedenfalls sein. In dieser Rolle ist es das Recht der Gastgeber, Ihnen zuerst die Hand zu reichen. Halten Sie sich daher etwas zurück und wenden Sie sich beim *Guten Tag*-Sagen zuerst der Frau zu, falls beide nebeneinander stehen.

Ihre Gastgeber wollen Ihnen zwar alles erdenklich Gute tun, doch auch sie selbst wollen den Abend in schöner Erinnerung behalten in der Gewissheit, ihre Gastgeberaufgaben gegenüber angenehmen Gästen erfüllt zu haben. Dabei ist Ihre Aufgabe als Gast vor allem, nicht ungebeten Gastgeberpflichten zu übernehmen – weder gegenüber dem Servicepersonal noch gegenüber den anderen Gästen. Sowohl für die Wahl Ihres Sitzplatzes und für die Auswahl der Speisen und Getränke als auch für die Eröffnung von Speisen und Getränken und das Aufheben der Tafel sind die Gastgeber zuständig. Selbst falls Sie eine Tischrede halten wollen, sollten Sie den Zeitpunkt mit den Gastgebern besprechen – nur das, was Sie sagen, ist Ihnen überlassen, solange Sie sich kurz fassen.

Selbstverständlich achten Sie auf die Tischmanieren und bemühen Sie sich darum, ein aufmerksamer und angenehmer Unterhalter zu sein. Doch sobald die Gastgeber den Abend beenden möchten, sollten Sie sich bald verabschieden. Dabei bedanken Sie sich nochmals für die Einladung und wiederholen diesen Dank am nächsten Tag erneut telefonisch.

Einmaleins des tafelnden Gastes

Wie verhält man sich als Gast am Tisch richtig?

Worauf Sie als Gast achten müssen, wenn Sie eine Einladung erhalten, und wie Sie sich am Tag der Einladung verhalten müssen, um einen guten ersten Eindruck zu machen, wissen Sie bereits. Nun kommt es auch darauf an, diesen guten Eindruck nicht im Laufe der Veranstaltung wieder zunichte zu machen. Dafür sollen Ihnen folgende Hinweise eine Hilfe sein.

Wer zum gesetzten Essen – ins Restaurant oder privat nach Hause – eingeladen ist, freut sich meist über die Einladung und auch manchmal über die Ehre. Allerdings lauern eine Menge Fettnäpfchen – und zwar überall. Besonders die Gäste, die alles richtig machen und den Gastgebern nur helfen möchten, sind besonders gefährdet. Gäste sollten nämlich vor allem wissen, was sie nicht dürfen. Nämlich Gastgeberaufgaben übernehmen. Und alles wird umso strenger gesehen, je offizieller der Anlass, je stilvoller das Haus und je fremder die Gastgeber sind!

Angefangen beim Aperitif. Wenn dieser im Stehen in einem gesonderten Empfangsraum eingenommen wird, sollten Sie das Glas nur dann mit zum Esstisch nehmen, wenn der Gastgeber direkt dazu auffordert. Ansonsten wird das leere oder noch halbvolle Glas an einem geeigneten Platz im Empfangsraum stehen gelassen, falls es Ihnen nicht von einer aufmerksamen Servicekraft abgenommen wird. Wird der Aperitif jedoch am Tisch eingenommen, was ja in kleinen Runden eher üblich ist, soll das Glas ausgetrunken sein bzw. es sollte nicht mehr weiter getrunken werden, sobald der erste Wein eröffnet wird – vielleicht nach der Begrüßungsrede, während der Sie natürlich nichts trinken.

Ist eine Sitzordnung vorgegeben – auch nonverbal –, dann ist diese zu respektieren und bis nach dem Dessert beizubehalten. Platz nehmen werden höfliche Gäste aber erst, wenn sie von den Gastgebern dazu aufgefordert werden – zuerst die Frauen, dann die Männer, zuletzt der Gastgeber. Meist wird der Service sofort, nachdem sich alle Gäste an den Tisch gesetzt haben, damit beginnen, zunächst Wasser anzubieten. Das gehört zu jedem stilvollen Essen und darf auch ohne Aufforderung von den Gästen getrunken werden, doch mit dem Wein warten Gäste, bis sie durch den Gastgeber dazu aufgefordert werden, den ersten Schluck zu nehmen. Und auch, wenn der Wein bereits warm zu werden droht, darf das Glas nicht vorher angerührt werden.

Nun wird wieder von dem Gastgeber und der Gastgeberin die Rede sein, doch Sie wissen ja bereits, dass zwar die Aufgabenverteilung unter den Gastgebern traditionell geregelt ist, dass es aber heute viel wichtiger ist, dass die Aufgaben überhaupt einer übernimmt – allerdings muss es jemand sein, der dazu auch autorisiert ist. Auf dieser Grundlage dient hier wieder die traditionelle Form als Beispiel.

Erst in dem Moment, in dem sich die Gastgeberin die Serviette auf den Schoß legt, tun dies auch die Gäste, und erst wenn die Gastgeberin sich Brot und Butter nimmt, können auch Sie selbst sich bedienen, nachdem Sie Ihren Nachbarn davon angeboten haben. Und auch, wenn Sie bereits Ihren Teller vor sich stehen haben, dürfen Sie als Gast erst mit dem Essen beginnen, nachdem die Gastgeberin – nonverbal – dazu aufgefordert hat. Das nonverbale Signal zum Essensbeginn muss Ihnen reichen! Probieren Sie erst von den Speisen, bevor Sie eventuell nachwürzen; in Privathaushalten sollten Sie aus Höflichkeit überhaupt nicht nachwürzen. Halten Sie eine Tischrede nur zu dem mit den Gastgebern verabredeten Zeitpunkt – kurz und prägnant. Nach dem Hauptgang können Sie auch spontan eine kurze Dankesrede halten, weil das den Ablauf in der Küche nicht mehr stören würde.

Und falls Sie Raucher sind: Ob Sie rauchen dürfen, dürfen Sie erst nach dem Dessert die Gastgeberin fragen. Ansonsten sollten Sie darum bemüht sein, unterhaltsame und interessante Tischgespräche zu führen und dabei auch ein guter Zuhörer zu sein. Doch niemals sollten Gäste die Gastgeber in lange Gespräche verwickeln, wobei es allerdings auch nicht höflich ist, mit anderen Gästen zu lange Zwiegespräche zu führen.

Irgendwann wird nun auch die schönste Veranstaltung beendet. Daher sollten Sie das Signal der Gastgeber zum Aufbruch verstehen und spätestens 10 Minuten danach gehen – allerdings nicht, ohne sich noch einmal für die Einladung und den schönen Abend zu bedanken. Während des gesamten Essens haben Sie nicht mit den Servicemitarbeitern verhandelt und selbstverständlich sämtliche Tisch- und Essmanieren eingehalten.

PS: Wenn Sie wissen, welche Pflichten die Gastgeber haben, wissen Sie gleichzeitig, was Sie als Gast nicht dürfen. Das zu wissen, ist für Gäste besonders wichtig.

Was tun mit der Tischdame?

Welche Aufgaben hat der Tischherr bei sehr offiziellen Veranstaltungen?

Nach dem aus unserer Kulturtradition stammenden Grundsatz *Rechts schützt Links* ergibt sich folgerichtig: Ihre Tischdame ist die Frau, die an Ihrer rechten Seite platziert wurde. Für den Verlauf der gesamten Veranstaltung ist das die Frau, um die Sie sich kümmern sollen – wenn Ihre Tischdame das wünscht. Sie sollten sich dabei zwar durchaus Mühe geben, sich aber vor allem natürlich und souverän verhalten, so dass es nicht angestrengt wirkt und Ihrer Tischdame angenehm ist – und nicht so, dass sie ein schlechtes Gewissen bekommen könnte.

Bei einem hochoffiziellen Bankettessen werden Sie nach deutscher Sitzordnung Ihre Tischdame bereits zum Tisch führen; nach internationaler Tischordnung führen Sie dagegen nur dann Ihre Tischdame zum Tisch, wenn Sie an der Gastgeber-Tischseite platziert wurden. Sitzen Sie dagegen an der Gastgeberin-Tischseite, ist das nicht so; da die Gastgeberin von dem ranghöchsten männlichen Gast und nicht von ihrem Tischherrn zum Tisch geführt wird, führen auch Sie die Frau, die an Ihrer linken Seite Platz nehmen wird, zum Tisch, ohne ihr Tischherr zu sein. Falls Sie sich bis zu dem Zeitpunkt noch nicht kannten, haben Sie sich ihr vorgestellt und abgewartet, bis sie Ihnen zur Begrüßung die Hand reicht. Am Tisch werden Sie ihr, sobald die Gastgeberin am Tisch ist, den Stuhl zurechtrücken. Diese Kavaliersgeste stammt übrigens noch aus der Zeit, als Damen bodenlange, pompöse Röcke trugen, mit denen sie sich gar nicht allein hinsetzen konnten. Aber noch heute wünschen sich viele Frauen diese Kavaliersgeste – auch weil sie sich dank dieser Aufmerksamkeit mit Rock und Handtasche eleganter hinsetzen können.

Die alte Kavaliersgeste, dass kein einziger Mann sitzen darf, sobald eine Frau im Raum steht, gilt heute nur noch in reduziertem Ausmaß: Nur der Tischherr steht auf, sobald seine Tischdame steht. Höfliche Männer, die an der rechten Seite der betreffenden Frau sitzen, würden natürlich mit aufstehen – für sie ist das gewissermaßen ein Reflex. Verlässt also Ihre Tischdame zwischen den Gängen den Tisch, stehen Sie auf, schieben ihren Stuhl zurück, behalten den Eingang im Auge und wenn sie zurückkehrt, stehen Sie erneut auf und helfen ihr beim Hinsetzen. Ihre Tischdame wird Sie aber vorwarnen, falls Sie gerade im Gespräch mit der anderen Seite sein sollten *Ich verlasse jetzt gleich den Tisch.* Vielleicht sagt sie zusätzlich: ... *aber bitte behalten Sie Platz.* Dann bleiben Sie sitzen, weil Ihre Tischdame offenbar kein Aufsehen wünscht. Früher hätten Sie ihr sogar nach draußen folgen müssen, aber das wünscht sich heute kaum eine Frau mehr.

Am Tisch reichen Sie Ihrer Tischdame das Brot, die Butter und gießen ihr Wein und Wasser nach, falls der Service sich nicht genügend kümmert. Sie achten darauf, dass Ihre Tischdame Unterhaltung hat; falls nicht, müssen Sie sich ihr wieder zuwenden oder sie in Ihr Gespräch mit einbeziehen. Bei einem hochoffiziellen Bankett-Essen, bei dem zu Tisch geführt wurde, müssten Sie, nachdem die Tafel aufgehoben wurde, Ihre Tischdame noch aus dem Saal oder zu ihrem Begleiter führen.

Ist die Veranstaltung mit einem Buffet organisiert, sollten Sie mit Ihrer Tischdame gemeinsam zum Buffet gehen und ihr dort beim Auftun der Speisen behilflich sein. Essen Sie mit ihr möglichst in einem Takt und einigen Sie sich auch mit den anderen am Tisch auf einen Essrhythmus – nonverbal, versteht sich.

Mehr ist's gar nicht, was Sie für Ihre Tischdame tun müssen, wenn Sie sich korrekt verhalten wollen. Und Sie werden sehen, dass sich Ihre Tischdame – obwohl sie das natürlich alles auch ohne Sie schaffen würde – selbstbewusst freut, weil sie sich wertgeschätzt fühlt. Auch und vielleicht sogar gerade die autarken, besonders erfolgreichen und selbstbewussten Frauen von heute – egal, wie alt sie sind – schätzen solche Kavaliersgesten, wenn sie souverän ausgeführt werden.

Noch ein Trost für diejenigen, die mit ihrer Tischdame nicht gar so zufrieden sind, von Freiherrn von Knigge: «[...] und wenn bei großen Tafeln mich als einen jungen Menschen die Reihe traf, neben einer dummen Schönheit Platz zu nehmen, so habe ich oft den Mann beneidet, dem sein Rang ein Recht gab, der Nachbar einer verständigen, muntern alten Frau zu sein.»

Hauptsache, es schmeckt!

Wie verhält man sich heute richtig, wenn man bei einer Essenseinladung bestimmte Speisen nicht essen möchte?

Wer zum Essen einlädt – egal, ob ins Restaurant oder nach Hause –, wünscht sich vor allem, dass die Gäste sich wohlfühlen, weil sie an einem schönen Ort interessante Menschen kennenlernen oder wiedertreffen können, mit denen sie gern ihre Zeit verbringen. Das ist zwar das Wichtigste, doch darüber hinaus freuen sich Gastgeber, wenn ihre Auswahl von Speisen und Getränken geglückt ist, so dass die Einladung auch in kulinarischer Hinsicht ein Erfolg war. Vegetarier, Gäste, die nur auf Fleisch verzichten, nicht aber auf Fisch, und auch immer mehr Menschen, die unter einer Nahrungsmittelunverträglichkeit leiden, stellen sich die Frage: Wem, wann, wie und ob überhaupt sage ich es? Darf ich den Teller unangerührt stehen lassen? Oder gehe ich vielleicht gar nicht erst hin? Die Einladung abzusagen, wäre eine traurige Alternative. Viel eher ist es doch zu empfehlen, die Gastgeber rechtzeitig darüber in Kenntnis zu setzen – damit sie reagieren können. Aufmerksame Gastgeber werden ihren Gästen für einen solchen Hinweis in jedem Fall dankbar sein und sich gern darauf einstellen. Insbesondere bei einem gesetzten Essen zu Hause werden höfliche und rücksichtsvolle Gäste es sogar als ihre Pflicht ansehen, die Gastgeber beizeiten zu informieren. Sie vermeiden somit die Hektik in letzter Minute und unnötige Enttäuschungen auf beiden Seiten, vor allem aber verhalten sie sich fair. Gastgeber werten ihre Einladung nämlich unweigerlich als einen Misserfolg, wenn ihre Gäste nicht rundweg zufrieden sind.

Gastgeber sollten es, jedenfalls bei Einladungen ins Restaurant, als ihre zeitgemäße Gastgeberpflicht betrachten, bei einem vorbestellten Menü auch für kurzfristig verfügbare Austauschgerichte zu sorgen. Das ist bei einer frühzeitigen Absprache mit der Küche – spätestens beim Aperitif – meist noch problemlos möglich. Bei Einladungen nach Hause sollten Gastgeber die Gäste schon zur eigenen Sicherheit nach Ausnahmen und Besonderheiten fragen.

Bekommt der Tischnachbar ein anderes Gericht oder isst nur wenig davon, nimmt jemand Ergänzungsprodukte oder Medikamente am Tisch ein – so oder so, höfliche Gäste werden das nicht bemerken, nicht kommentieren und vor allem keine indiskreten Fragen stellen. Ein Tischgespräch zu diesem Thema wird schließlich nur in seltenen Fällen für alle unterhaltsam sein und im Übrigen dürfte allein die betreffende Person das Thema ansprechen.

Jeder Gastgeber wäre allerdings auch schlecht beraten, wenn er seine Gäste mit einem besonders exotischen Spezialmenü überraschen wollte. Monothematische Menüs, ausgefallene Speisen oder solche Speisen wie Eisbein, Haxe, Sülze, Krustentiere, Sushi etc. sind nur dann eine schöne Überraschung, wenn man als Gastgeber ganz sicher sein kann, dass sich die Gäste darüber auch freuen werden.

Noch etwas zu denen, die das auf ihrem Teller nur deshalb nicht mögen, weil es ihnen nicht so gut schmeckt und sie es daher nicht gerne essen. In einem solchen Fall ist einfach abzuwägen, was wichtiger ist – ihr Wohl oder das der anderen. Wohl auch aus diesem Grund befassten sich schon die ältesten Benimmbücher der Welt, ob arabische, chinesische oder abendländische, mit diesem Thema und legten den Mitgliedern einer Tischgemeinschaft ans Herz, nie und nimmer an dem angebotenen Essen herumzumäkeln. Wobei auch ein übertriebenes Lob problematisch ist, so als ob man etwa anderes erwartet hätte.

Zusammengefasst kommt es wie so oft darauf an, dass alle Beteiligten ihr Bestes dazu beitragen, dass die Veranstaltung gelingt – Gäste und Gastgeber gleichermaßen.

Bitte ohne *Guten Appetit*!

Ist es tatsächlich nicht mehr richtig, vor dem Beginn eines (Geschäfts-) Essens allen einen *Guten Appetit* zu wünschen?

Richtig, und das ist keine neue Regel, das war noch nie richtig – jedenfalls nicht in der gesellschaftlichen Oberschicht und schon gar nicht in aristokratischer Gesellschaft. Auch bei allen offiziellen Essen wünschte man sich noch nie einen *Guten Appetit*.

Bei Essenseinladungen ist es traditionell die Aufgabe der Gastgeberin, das Essen zu eröffnen. Sobald alle Gäste ihr Essen vor sich haben, gibt traditionell sie das Zeichen zum Essensbeginn. Das tut sie jedoch eben nicht, indem sie allen Gästen einen *Guten Appetit* wünscht. Jedenfalls dann nicht, wenn sie im gehobenen Stil zum Essen eingeladen hat und sie davon ausgehen darf, dass niemand am Tisch nur aufgrund seines Appetits gekommen ist. Vielmehr sollte es so sein, dass alle gern gekommen sind, um zusammen zu sein, um sich kennenzulernen, um Zeit miteinander zu verbringen, um gute Gespräche zu führen, um die Einladung wertzuschätzen – nicht wegen des Essens an sich jedenfalls. Daher nimmt sie mit einem Blick in die Runde und einem nonverbalen *Schön, dass Ihr da seid* das Besteck auf und beginnt zu essen.

Leider reicht das manchen Gästen nicht und oft fühlt sich einer berufen, doch noch *Guten Appetit* über den Tisch zu rufen. Dies ist jedoch nicht angemessen, zumal meist ein vorwurfsvoller Ton an die Gastgeber nicht zu überhören ist. Dass damit jedoch das festliche Essen auf Kantinenniveau gebracht wird, ist dem Besserwisser nicht einmal bewusst, weil die Gastgeberin ihn freundlich anlächeln wird und sogar etwas murmelt wie *Danke, ebenso*.

Selbstverständlich übernimmt die Aufgabe, das Essen zu eröffnen, auch der Gastgeber, wenn er allein einlädt, oder die ranghöchste Person der Tischgemeinschaft, falls nicht eingeladen wurde. Wenn alle gleichrangig am Tisch sind – Freunde vielleicht –, eröffnet einfach irgendeiner der Gäste das Essen mit der gleichen nonverbalen Geste, die ausdrückt: *Schön, dass wir heute hier zusammen sind.*

Besonders verpönt ist die weitverbreitete Sitte, beim Geschäftsessen *Guten Appetit* zu sagen. Selbstredend geht es da schließlich schon gar nicht um die reine Nahrungsaufnahme – so ein Geschäftsessen ist harte Arbeit. Da kann jeder Tritt ins Fettnäpfchen unerwünschte Folgen haben. Auch so mancher Bewerber wähnt sich der neuen Position schon sicher, wenn er zum Essen ins Restaurant geladen wird. Da kann der freundlich gemeinte Wunsch *Guten Appetit* schlimmstenfalls den ersehnten Arbeitsvertrag kosten.

Allerdings ist es nicht schlimm, wenn Ihnen der Kellner einen *Guten Appetit* wünscht, denn die Köchin oder die Dienerschaft sagte das auch früher schon in feiner Gesellschaft. Bedienung darf das also – allerdings ohne darauf eine Antwort zu erwarten.

Wünschen Gastgebende ihren Gästen einen *Guten Appetit*, werden höfliche Gäste – auch wenn sie es besser wissen – mit einem freundlichen Lächeln angemessen darauf antworten. Jede neunmalkluge Miene wäre ausgesprochen ungezogen.

Restaurantregeln auf Schritt und Tritt

Welche Restaurantregeln gibt es in Deutschland?

Selbstverständlich wird sich das Verhalten und auch das Aussehen (insbesondere die Kleidung natürlich) der Restaurantgäste nach dem Stil des Hauses richten. Schließlich wird sich jeder kultivierte Mensch in einem Gourmetrestaurant anders zu benehmen wissen als beim netten Italiener an der Ecke – allerdings nur um Nuancen, versteht sich. Man sollte auch in weniger feinen Restaurants die Regeln nicht außer Acht lassen, denn Höflichkeit ist, wenn sie denn ganz zu dem Menschen gehört, nirgendwo deplatziert. Restaurantregeln passen demnach in jedes Haus, wenn sie sinnvoll angewendet und möglichst von allen Beteiligten beherrscht werden.

Beispielsituation: In einer privaten Situation lädt ein Mann eine Frau ins Restaurant zum Essen ein.

In Deutschland betritt immer noch der Mann das Restaurant zuerst, was freilich nicht bedeutet, dass er auch zuerst durch die Tür des Restaurants geht. Nachdem er die Restauranttür geschlossen hat, übernimmt er im Restaurant die Führung, was freilich nicht bedeutet, dass er auch zuerst durch die Tür des Restaurants geht. Er verhandelt jetzt mit dem Oberkellner über den reservierten Tisch und nimmt dann der Frau den Mantel ab, bevor er seinen ablegt. Heute darf das Mantelabnehmen auch der Oberkellner übernehmen, was früher hinter dem Gedanken *Kein anderer Mann darf meine Frau anfassen* undenkbar gewesen wäre.

Falls beide vom Oberkellner zum Tisch geführt werden und der Weg zu schmal ist, als dass beide nebeneinander gehen könnten, geht der Kellner vorneweg, hinter ihm die Frau und der Mann folgt zuletzt. Gehen beide allein zum Tisch, dann geht der Mann vor und führt die Frau an den gewählten Tisch. Am Tisch nimmt er selbstverständlich erst Platz, nachdem sie sich gesetzt hat und er ihr vielleicht dafür den Stuhl zurechtrückte.

Wird à la carte gegessen und er bestellt nicht für sie mit, gibt zuerst sie die Bestellung beim Kellner auf, wobei er als Gastgeber unbedingt den Rahmen vorzugeben hat, insbesondere was die Anzahl der Gänge betrifft. Er bestellt und probiert den Wein, bezahlt stilvoll die Rechnung und war den ganzen Abend über ein angenehmer Gesprächspartner. Und: Der Mann steht immer kurz auf, wenn die Frau den Tisch verlässt oder wieder an den Tisch zurückkehrt, falls es sich nicht gerade um ein Bierlokal handelt.

Egal, ob er den Mantel von der Garderobe zum Tisch holt oder ob beide gemeinsam zur Garderobe gehen: Der Mann zieht zuerst seinen eigenen Mantel an und hilft erst dann der Frau in ihren Mantel (bitte geschickt und außerdem so, dass er nicht den Fußboden berührt!), damit sie nicht länger als er im warmen Mantel stehen muss. Beim Verlassen des Restaurants geht die Frau bis zur Restauranttür vor. Sie erinnern sich? Frauen und Gäste haben den Vortritt, wenn sie den Weg kennen und sich nicht verlaufen können. Am Ausgang jedoch tritt sie einen Schritt zur Seite, damit er die Restauranttür öffnen kann – sinngemäß in gleicher Weise wie beim Betreten des Restaurants.

Lädt eine Frau einen Mann ins Restaurant zum Essen ein, übernimmt sie selbstverständlich sämtliche Gastgeberpflichten. Ob sie ihm dann auch in den Mantel hilft sowie den Stuhl zurechtschiebt, wird sie situationsgemäß entscheiden müssen.

Hinein ins Restaurant

Wie betritt man heute korrekt das Restaurant?

In Deutschland und auch in den skandinavischen Ländern ist es nach wie vor üblich, dass der Mann ins Restaurant oder in eine Bar, auch ins Kino und überall, wo früher nicht ganz klar war, ob es auch ein Ort für Frauen ist, vorausgeht, um die terra incognita, das unbekannte Terrain, zu prüfen. Ob der Ort etwas für sie ist, können die Frauen heute zwar selbst entscheiden, doch die Regel ist geblieben.

Heute gilt diese Regel – situations- und rollenbedingt – allerdings auch für Frauen, wenn sie Männer und/oder Frauen ins Restaurant einladen. Dann nämlich, das wissen Sie bereits, übernehmen auch Frauen (fast) alle Gastgeberpflichten.

Beispielsituation: In einer privaten Situation lädt ein Mann eine Frau ins Restaurant ein und hält ihr folgendermaßen die Restauranttür auf.

Zwar soll der Mann das Restaurant zuerst betreten, doch da er zusätzlich die Tür aufzuhalten hat, wird's oft schwierig, wenn die Frau sich nicht auskennt. Die Restauranttür geht ja meist nach außen auf, und so kann der Mann nicht die Tür stilvoll aufhalten und gleichzeitig den ersten Fuß ins Restaurant setzen. Daher hilft er sich oft damit, dass er die Tür irgendwie aufmacht, vorgeht und sich dann wenigstens mit einem Fuß in die Tür stellt. Und so steht er dann mitten im Türrahmen. Die Frau soll sich dann an ihm vorbeizwängen, was zuweilen gar nicht so einfach ist und darüber hinaus sogar ihrem Distanzbedürfnis widerstrebt.

Besser macht der Mann es, wenn er kurz vor der Tür einen Schritt vorangeht, die Tür mit der linken Hand ganz und gar nach außen öffnet, sich mit dem Gesicht zur Frau dreht und sie passieren lässt. Egal, in welche Richtung auch immer die Tür geöffnet werden muss, soll die Frau beziehungsweise der Gast für den Moment, in dem der Mann die Tür schließt, im Eingangsbereich stehen bleiben und ihm danach wieder die Führung – zum Oberkellner beispielsweise – überlassen.

Gehen zwei Paare ins Restaurant, dann öffnet ein Mann die Tür (meist nach außen), geht hindurch und übergibt die Tür währenddessen dem zweiten Mann. Dann treten beide Frauen ein und der zweite Mann schließt die Tür hinter sich. Das ist wirklich weniger kompliziert, als es womöglich klingt.

Mit natürlichem Selbstverständnis wird der Auftritt im Restaurant erst dann souverän wirken können, wenn auch die Frau beziehungsweise der Gast die Regel kennt und solche Kavaliersgesten zu schätzen weiß. Weiß die Frau beziehungsweise der Gast zwar nicht Bescheid, freut sich aber offenbar über die Höflichkeit, kann der

Mann das Procedere immer mit den Worten *Darf ich vorgehen* oder *Bitte nach Ihnen* begleiten und ihr somit jeden Schritt ein wenig erleichtern. Andernfalls laufen Höflichkeitsgesten ins Leere und das wäre doch für alle Beteiligten sehr schade.

Alles wäre natürlich auch gar nicht so kompliziert, wenn Restauranttüren sich nach innen öffnen ließen. Dass das nicht so ist, liegt daran, dass Wirtshäuser, Bars und Kneipen früher zwar keine Sorge hatten, dass die vor allem männlichen Gäste beim Betreten des Schankraums die Tür problemlos würden öffnen können – was jedoch meist nicht mehr der Fall war, wenn sie das Lokal nach einem Weilchen wieder verlassen wollten. Daher kommt es, dass heute die Türen selbst der schicksten Gourmetrestaurants nach außen geöffnet werden und da diese Regelung den heutigen Sicherheitsvorschriften entspricht, wird es gewiss auch dabei bleiben..

Restaurantgäste helfen nicht

Nimmt man sein Glas mit, wenn man im Restaurant den Tisch wechselt?

Sie gehen in ein Restaurant essen, und somit müssen Sie nicht selbst einkaufen und nicht kochen, den Tisch nicht decken und sich auch nicht um den Abwasch kümmern. Sie möchten sich verwöhnen lassen. Jedenfalls sollten Sie sich verwöhnen lassen und auch verwöhnen lassen wollen.

Lassen Sie die Restaurantbrigade ihre Arbeit machen und helfen Sie ihr dabei nicht, weil Sie sie sonst eher in ihren Arbeitsabläufen stören und sogar – wenn auch ungewollt – dem Service damit signalisieren, dass er seine Aufgaben nicht zu Ihrer Zufriedenheit erfüllt, da Sie «mitarbeiten» müssen. Außerdem machen Sie als Gast dabei keine gute Figur, wenn Sie Teller und Gläser tragen oder unter dem Tisch nach der Serviette suchen. Möchten Sie, nachdem Sie bereits Platz genommen haben, Ihren Tisch wechseln, verhandeln Sie natürlich zuerst mit dem Restaurantmitarbeiter darüber. Wenn der Ihnen den gewünschten Tisch anbieten kann, nehmen Sie nur Ihre persönlichen Dinge mit. Alles andere, wie Serviette, Gläser etc., bleibt am Tisch, bis der Restaurantmitarbeiter es Ihnen nachbringt. So verhalten Sie sich auch, wenn Sie von der Bar zum Tisch wechseln.

Sie geben auch sonst dem Service keine Hilfestellung. Nehmen Sie ihm weder ungebeten einen Teller ab, noch reichen Sie ihm die Teller zum Abservieren. Keinesfalls stapeln Sie das Geschirr zusammen. Das ist so ziemlich der peinlichste Fehler, damit disqualifizieren Sie sich als Gast völlig – sogar in dem einfachsten Lokal. Heben Sie auch bitte nichts vom Fußboden auf, was Ihnen heruntergefallen ist und Ihnen nicht gehört. Bitten Sie dann vielmehr um eine neue Serviette oder um eine neue Gabel. Was sollten Sie auch mit der Serviette oder mit der Gabel anfangen, wenn sie bereits auf dem Fußboden lag? Auf den Tisch sollten Sie sie nicht legen, benutzen sollten Sie sie auch nicht mehr wollen. Bleibt nur, sie so lange in der Hand zu halten, bis ein Kellner sie Ihnen abnimmt und dann doch eine neue bringt. Dann müssten Sie sich streng genommen noch die Hände waschen gehen ...

Außer in Selbstbedienungsrestaurants ist das überall Usance. Kein qualifizierter Kellner im Gartenrestaurant wird etwas Merkwürdiges daran finden, wenn Sie für Ihr heruntergefallenes Messer ein neues möchten. Dagegen übernehmen Sie das Nachgießen von Wasser, Wein oder Kaffee aus dem Kännchen in einem einfachen Restaurant selbst, es sei denn, die Wein-, Sekt- oder Champagnerflasche ist im Weinkühler untergebracht. In diesem Fall sollten Sie das Einschenken dem Service überlassen. In einem Gourmetrestaurant wird der Restaurantmitarbeiter seine Aufgabe darin sehen, Sie niemals mit einem (halb) leeren Glas sitzen zu lassen und Ihnen rechtzeitig nachgießen bzw. ein neues Glas bringen, wenn der Wein gewechselt wird – falls er möchte, dass Sie noch bis zum Digestif bleiben.

Selbstverständlich werden Sie in einem ganz einfachen Restaurant oder in einer Studentenkneipe, auf der Skihütte oder im Biergarten dem Kellner den leeren Teller reichen, wenn er Sie darum bittet. Und in einem Selbstbedienungslokal holen Sie sich selbst neues Besteck, wenn es Ihnen auf den Boden fiel – den Tisch wischen Sie aber auch da nicht selbst ab, falls er noch schmutzig sein sollte ...

Restaurantgäste, die zu wenig oder zu viel Service erwarten, weil sie sich nicht über das Niveau des Hauses im Klaren sind, wirken immer besonders unangenehm – auch, weil sie Situationen provozieren, die für alle Beteiligten unnötig peinlich sind.

Restaurantempfehlung

Woran erkenne ich ein gutes Restaurant?

Freiherr von Knigge beschreibt in seinem Kapitel *Über den Umgang mit Wirt und Gast* seine Erfahrungen mit Gastwirten: «Es gibt aber auch Menschen, die einen so gewaltig hohen Wert auf die Gastfreundschaft setzen, welche sie uns erweisen, daß sie dafür gelobt, geschmeichelt, bedient, häufig besucht, und wer weiß was sonst alles sein wollen. Das ist nun freilich nicht billig. Ein mäßiger Mann verlangt doch nicht mehr, als sich satt zu essen, und das kann er ja leicht um geringern Preis. Das Mehr oder Weniger ist so viel nicht wert, und ich halte wahrhaftig meine Gesellschaft und meine verlorne Zeit ebenso teuer als Ihro Hochmögenden Dero Pasteten und Braten.»

Kochmützen, Kochlöffel und natürlich Michelin-Sterne sind Anhaltspunkte dafür, ob Gäste hohe Erwartungen mit dem Restaurantbesuch verbinden dürfen. Doch in vielen Gasthöfen, internationalen Restaurants und sowieso beim guten Italiener oder Griechen werden Sie nicht weniger zufrieden sein. Um allerdings Enttäuschungen zu vermeiden, sollten Sie sich Ihren eigenen Anspruch definieren.

So erkennen Sie, ob Sie sich in einem stilvollen Restaurant befinden:

- Wird Ihre Reservierung korrekt entgegengenommen und werden sämtliche Verabredungen berücksichtigt?
- Begrüßt Sie zwar der Oberkellner oder der Wirt persönlich mit Handschlag, jedoch keiner der Restaurantmitarbeiter?
- Nimmt ein Restaurantmitarbeiter Ihnen die Garderobe ab?
- Führt Sie ein Restaurantmitarbeiter zum Tisch und schiebt Ihnen, wenn Sie als Frau allein essen gehen, den Stuhl hin?
- Sind sowohl die Tischwäsche als auch der Stuhlbezug einwandfrei sauber?
- Stehen auf den Tischen weder Zahnstocher noch künstliche Blumen?
- Ist der äußere Gesamteindruck jedes Restaurantmitarbeiters tadellos?
- Sucht jeder Restaurantmitarbeiter, insbesondere jedoch Ihr zuständiger Kellner, im Vorbeigehen stets Ihren Blickkontakt?
- Wendet sich der Restaurantmitarbeiter mit seinen Angeboten immer zuerst an den Gastgeber, serviert ihm aber nach den Gästen die Speisen und Getränke?
- Verhält sich der Restaurantmitarbeiter ebenso korrekt, wenn der Gastgeber eine Frau ist?
- Serviert der Restaurantmitarbeiter Ihnen konsequent – auch wenn er einen Umweg machen muss – vorbereitete Teller und Getränke von rechts, Brot, Salat oder Gemüse dagegen von links?
- Wird Ihnen die noch geschlossene Weinflasche von links präsentiert, bevor Ihnen von rechts der Probierschluck eingegossen wird?

- Wird der leere Brotkorb ohne Fragen nachgefüllt?
- Werden Getränke zumindest dann fraglos nachgefüllt, wenn der Restaurantmitarbeiter gerade am Tisch ist und sehen müsste, dass die Gläser fast leer sind?
- Werden die Gänge für alle Gäste am Tisch gleichzeitig serviert?
- Wird kein leerer Teller abserviert, solange noch ein Gast am Tisch isst?
- Wird jedoch sofort abserviert, sobald alle am Tisch ihr Besteck in die *Ich bin mit dem Gang fertig, Sie können abservieren*-Position gebracht haben – ohne nachzufragen, ob Sie tatsächlich fertig sind?
- Wird Reklamationen selbstverständlich und ohne Debatte entsprochen?
- Bleibt der Restaurantmitarbeiter freundlich, auch wenn Sie wenig bestellen und beim Wasser bleiben wollen?

Beantworten Sie alle Fragen mit Ja, sind Sie bestimmt in einem Restaurant, dem das Wohl seiner Gäste am Herzen liegt. Wenn darüber hinaus die Speisekarte nicht zu lang ist, dafür die Weinkarte gut sortiert, die Teller nicht übervoll sind und im Wasser weder Eis noch Zitrone schwimmt, dann sind Sie sogar in einem Restaurant, das besonders vielversprechend ist.

PS: Taktvolle Kellner werden Gäste, die gerade etwas im Mund haben, außerdem natürlich nicht nach irgendetwas fragen – auch nicht nach der Zufriedenheit.

Gemeinsam essen

Sollte man mit dem Essen beginnen, wenn man sein Gericht bekommen hat, obwohl die anderen noch auf ihres warten?

Tischgemeinschaften mit einer klassischen Rollenverteilung – Gastgeber und Gäste – haben es ja leichter, da wird der Gastgeber als Regisseur Empfehlungen für die Speisenauswahl aussprechen. Höfliche Gäste werden dafür dankbar sein und sich daran orientieren (wollen), um mit allen am Tisch im gleichen Takt zu essen. Das betrifft sowohl die Anzahl der Gänge als auch die Menüfolge, die wiederum für die Auswahl der Weine entscheidend ist. Doch selbstverständlich kommt es mindestens ebenso häufig vor, dass Tischgemeinschaften ohne einen Gastgeber essen gehen. Dann ist es entweder an jedem selbst, für den Stil des gemeinsamen Essens zu sorgen, oder aber einer am Tisch lenkt die Speisenauswahl, damit die Tischgemeinschaft auch wirklich gemeinsam essen kann.

Welches Verhalten nun aber in der Situation tatsächlich angemessen ist, verlangt eine genaue Definition der Konstellation. Wer geht wo mit wem warum essen? Angenommen, sechs Freunde – gleichrangig, ohne eine konkrete Gastgeber- und Gastrollen-Verteilung – gehen in ein gehobenes Restaurant ohne einen besonderen Anlass à la carte essen. Die sechs freuen sich zwar darauf, gemeinsam einen schönen Abend mit dem, was Küche und Keller zu bieten haben, zu verbringen, aber sie setzen sich nicht an einen Tisch, nur um sich gemeinsam zu ernähren. Wie es Tradition ist, geht es ihnen beim Essen um Gemeinsamkeit und ums Teilen – um Geselligkeit.

Sie sollten sich unbedingt über die Menüwahl verständigen und sie möglichst so steuern, dass alle gleiche oder ähnliche Speisen wählen. Einer könnte dabei die Führung übernehmen und die Wahl ein wenig dirigieren: *Was haltet Ihr davon, wenn wir uns auf vier Gänge einigen? Wollen wir mit der Vorspeisenplatte des Hauses starten?* oder *Was denkt Ihr, wollen wir uns alle an das Überraschungsmenü wagen? Lasst uns doch heute vorahnungslos fünf Gänge genießen?* Eine solche Einladung werden zusammengehörige Tischgemeinschaften dankbar annehmen, weil sie wissen, dass nur so garantiert werden kann, das Bedürfnis einer Tischgemeinschaft nach Zusammengehörigkeit zu befriedigen.

In der gehobenen Gastronomie werden die Speisen nämlich individuell zubereitet, so dass es dort immer zu empfehlen ist, sich von der kleinen Karte auf ein gemeinsames Menü zu einigen. Falls bei dem vorgeschlagenen Menü einer einen Sonderwunsch hat, ist das für die Gourmetküche meist auch kein Problem. Dagegen sind die Speisen in einfacheren Restaurants bereits vorbereitet oder sogar zubereitet und müssen nur noch fertiggestellt oder aufgewärmt werden. Da sollte auch eine lange Bestellliste kein Problem sein. Unterschiedliche Speisen verlangen allerdings meist auch unterschiedliche Getränke, so dass auch daran gedacht werden sollte. Für jeden Einzelnen einer kleinen Tischgemeinschaft sollten beim gemeinsamen Essengehen die Interessen der Gemeinschaft weitestgehend über den eigenen Bedürfnissen und Wünschen stehen, damit die Zusammengehörigkeit im Vordergrund steht. Geht das nicht, dann ist es insbesondere in Restaurants ohne geschultes Personal unbedingt erforderlich, Wünsche dem Service zu kommunizieren: *Bitte bringen Sie uns die einzelnen Gänge so, dass wir gemeinsam essen können.* In manchen Restaurants gehört zu einzelnen Hauptgängen ein kleiner Salat, der, als Vorspeise gedacht, eine Extra-Vorspeise ersetzt oder, als Beilage gedacht, mit dem Hauptgericht zusammen serviert wird. Danach sollten Sie fragen und entsprechend das Menü zusammenstellen. Selbstverständlich können Sie auch auf diesen Salat verzichten und stattdessen eine andere Vorspeise wählen – was Sie wiederum dem Kellner gegenüber kurz erklären sollten. Sonst kommt möglicherweise alles durcheinander. Einzeln gebrachte Speisen bei einer einheitlichen Menüzusammenstellung von Essensgemeinschaften sind immer Servicefehler und müssen – zumindest, wenn man bereits bei der Bestellung deutlich gemacht hat, dass man Wert auf gleichzeitiges Essen legt – nicht akzeptiert werden. In einem gehobenen Restaurant weist man darauf natürlich nicht hin, dort darf man das erwarten und nötigenfalls den Teller zurückschicken. Keinesfalls ist es jedenfalls korrekt, mit dem Essen zu beginnen, bevor nicht jeder Gast am Tisch seinen Gang serviert bekam. Es geht, wie bereits betont, um Gemeinsamkeit und um Teilen!

So oder so sollten sich alle Gäste zumindest auf eine einheitliche Anzahl von Gängen einigen, ansonsten ist es tatsächlich eher eine gemeinsame Nahrungsaufnahme und nicht mehr.

PS: Bei einer Gästezahl von mehr als acht Personen empfiehlt es sich in einem Gourmetrestaurant, ein einheitliches Menü bereits bei der Tischreservierung zusammenzustellen.

Fettnäpfchengefahren

Welche Fettnäpfchen gibt es im Restaurant noch?

Fettnäpfchen lauern ja überall im Restaurant. Das soll nicht heißen, dass jeder Tritt in ein solches gleich schlimme Folgen hat und dass jeder Fauxpas in allen Restaurants gleich schwerwiegend wäre und schon gar nicht, dass ein Ausrutscher überhaupt von Gästen oder Restaurantmitarbeitern bemerkt werden muss. Sie finden hier Fauxpas, die zwar je nach Situation nur mehr oder weniger unangenehm auffallen, aber dennoch überall möglichst vermieden werden sollten und auch vermieden werden können, ohne dass es irgendwo ungewöhnlich wäre.

Der Umgangston mit den Restaurantmitarbeitern darf natürlich keinesfalls befehlend oder von oben herab, sollte aber auch nicht fraternisierend sein. Gäste sollten den Restaurantmitarbeitern nicht ungebeten bei der Arbeit helfen.

Es ist in den meisten Restaurants nicht erwünscht, dass Gäste sich einfach an einen freien Tisch setzen, ohne platziert zu werden.
Tische zusammenzuschieben und Stühle durchs Restaurant zu tragen, sollten Gäste unterlassen.

Nur dann, wenn keine Garderobe angeboten wird, sollten Mäntel, Jacken und Schirme über den Stuhl gehängt werden.

Außer ihre Hände sollten Gäste nichts auf den Tisch legen. Weder die Brille, der Fotoapparat, das Handy, die Zigaretten, noch der Kugelschreiber und schon gar nicht die Handtasche sollten auch nur kurze Zeit auf dem Tisch stehen oder liegen. Die kleine Handtasche kann hinter Ihnen auf dem Stuhl Platz finden oder über die Stuhllehne gehängt werden. Große Taschen stehen neben dem Stuhl auf dem Boden.

Schminken, Haare kämmen, Zahnstocher benutzen und telefonieren ist am Tisch unerwünscht.

Wer vom Nachbarteller probieren oder die Reste des Partners aufessen möchte, sollte wenigstens abwägen, ob in der Situation die Etiketteregel, dass Teller nicht bewegt oder verschoben werden und dass Gäste nicht über den Tisch greifen sollen, zu beachten ist. In einem noblen Restaurant ist ein solches Verhalten der Gäste mit dem Stil des Hauses nicht vereinbar. Gäste sollten dann besser den Kellner bitten: *Ich würde sehr gern von dem Dessert meiner Freundin kosten. Sind Sie mir bitte mit einem Extrateller behilflich?* Dennoch ist damit Vorsicht geboten, viele Esspartner mögen das nämlich gar nicht.

Ohne das Essen zu probieren, sollte nicht nachgewürzt werden. Erst nach einer Kostprobe wird ein stilvoller Gast eventuell zum Salz greifen. In einem Gourmetrestaurant ist auch das nicht empfehlenswert – zeugt es doch allein von der geringen Kenntnis des Gastes.

Manches schlechte Restaurantverhalten ist zwar dem unzureichend geschulten Service geschuldet, doch sollte sich kein Restaurantgast dadurch über die Maßen verführen lassen, sich danebenzubenehmen – etwa aus übervollen Cappuccinotassen trinken oder Löffel in Eisbechern ohne Untertasse stecken lassen. Vielmehr sollten souveräne Restaurantgäste selbst in einfachen Restaurants freundlich, aber bestimmt um eine Untertasse bitten und darum, den Cappuccinoschaumberg der Tasse anzupassen.

Ganz und gar unakzeptabel ist es, wenn Restaurantgäste gezwungen werden sollen, nicht gemeinsam oder dann eben kalt zu essen. Beim Essen in Gesellschaft geht es um Gemeinsamkeit und um Teilen, und Restaurants und deren Mitarbeiter, die das nicht verstehen, sind eine wirkliche Zumutung für ihre Gäste.

Menüreihenfolge im Wandel

Welche Reihenfolge ist bei einem Menü mit vielen Gängen richtig?

In Deutschland wurde es zum Ende des 19. Jahrhunderts hin üblich, die einzeln aus der Küche in den Speisesaal gebrachten Gerichte als *Gänge* zu bezeichnen. Die Anzahl der Gänge reduzierte sich von eigentlich 12 Gängen – dreimal wurden vier verschiedene Speisen gleichzeitig aufgetragen – auf 5 bis 7 Gänge mit meist dieser Speisenfolge:

Suppe - Fisch - Fleisch - Braten - Nachtisch
oder
Kalte Vorspeise - Suppe - Fisch - Zwischengericht - Fleisch - Braten - Nachtisch
oder
Kalte Vorspeise - Suppe - Fisch - Fleisch - Zwischengericht - Braten – Nachtisch

Die schmalste Speisenfolge, die überhaupt die Bezeichnung *Menü* verdient, besteht aus drei Gängen: Vorspeise oder Suppe, Hauptgericht, Dessert. Dabei soll der Hauptgang eine warme Speise sein. Deshalb fällt eine Zusammenstellung wie: Kartoffelsuppe, Salat, Käseteller nicht unter den Begriff *Menü*. Wenn Sie zu weniger Gängen oder zu einer Zusammenstellung mit einem kalten Hauptgericht einladen wollen, bitten Sie besser zu *einem Abendessen*, zu *einem Imbiss* oder, wenn es Ihrem Speisenangebot entspricht, zu *einer deftigen Jause* oder *einem italienischen Abend*.

Nach modernen gastronomischen Regeln wird in Europa vorwiegend diese Menüfolge empfohlen, bei der leichte Speisen das Menü eröffnen, der Hauptgang den Höhepunkt bildet und wieder leichte Speisen zum Ausklang gereicht werden.

Einfaches Menü	**Erweitertes Menü**	
	Kalte Vorspeise	Kalte Vorspeise
Suppe	Suppe	Suppe
		warme Vorspeise
	Zwischengerichte	Zwischengerichte
		Fischgericht
		Sorbet
Hauptgang *	Hauptgang *	Hauptgang *
	Käsegericht	Käsegericht
Dessert **	süßes Dessert	süßes Dessert

* Fisch, Fleisch oder vegetarisch

** Käsegericht oder süßes Dessert

Ein Menü zusammenzustellen bedeutet allerdings keine willkürliche Abfolge von Speisen, sondern ist vielmehr eine der schwierigsten Aufgaben von Küchenchefs und Restaurantbesitzern. Sie werden sowohl nach der klassischen wie auch nach der modernen Menülehre auf die Ausgewogenheit der Speisen achten, indem sie bestimmte Wiederholungen in Rohstoffen, Farbe und Zubereitungsart vermeiden oder aber absichtlich gerade solch ein Menü komponieren – beispielsweise ein monothematisches Menü.

Das Sorbet – Wassereis – ist bei einem Drei- oder Vier-Gang-Menü ganz und gar nicht notwendig, sondern wahrscheinlich sogar übertrieben und auch bei einem Fünf-Gang-Menü nicht zwingend. Es dient dazu, die Geschmacksnerven etwas zu neutralisieren. Daher ist es bei noch ausgedehnteren Menüfolgen durchaus üblich, ein Sorbet – das als vollwertiger Gang gezählt wird – dazwischenzuschieben. Dabei muss ein Sorbet nicht mehr ausschließlich zwischen einem Fisch- und einem Fleischgang serviert werden; man kann es auch zwischen zwei Fisch- oder Fleischgerichten einplanen, ebenso – falls erforderlich – zwischen zwei vegetarischen Speisen.

Ja, und gegen Ende eines ritualisierten Menüs gibt es – fakultativ – den Käsegang, aber er gehört nicht an den endgültigen Schluss. Zwar wird nicht nur in Deutschland hin und wieder das Käsegericht als letzter Gang nach einem süßen Dessert serviert – das ist jedoch nicht die klassische Version. Auch wenn sich der Satz *Käse schließt den Magen* allgemeiner Bekanntheit erfreut und so manchen Genießer zum Abweichen von der gastronomischen Regel verführt, ist er doch nicht richtig.

Erst nachdem der letzte Gang des Menüs (Hauptgang oder Käse) abserviert wurde, folgt der Schlusspunkt und Höhepunkt: das Dessert.

Wie auch immer Sie Ihr Menü zusammenstellen (lassen), es sollte von den passenden Getränken begleitet werden. Beispielsweise gehört zu einem perfekt zusammengestellten Gourmetmenü eine passende Getränkefolge aus jeweils zum Gang korrespondierenden Weinen, wofür umsichtige Küchen- und Restaurantchefs und Gäste die Kennerschaft eines Sommeliers oder einer Sommelière zurate ziehen. Ein deftiges Essen in einem bergischen Wirtshaus kann dagegen ein kühles Bier wunderbar vervollkommnen.

PS: Egal, wie viele Gänge Sie auch bestellen – seitdem die Küche nouvelliert wurde, werden Sie und Ihr Magen in einem Gourmetrestaurant niemals überfordert sein.

Menü mit Abweichungen

Stimmt es, dass bei einem Menü immer nur einmal die gleiche Fisch- oder Fleischsorte sowie nur eine bestimmte Zubereitungsart vorkommen sollten?

Wie es bei vielen Völkern der Welt bis heute Sitte ist, war es bis ins späte Mittelalter auch in Deutschland üblich, alle Speisen gleichzeitig aufzutragen *(französischer Service)*. Das hatte zur Folge, dass die Speisen, insbesondere der große Braten, kalt waren, bevor sie gegessen wurden. Offenbar fand man das bereits damals schade und war offen für eine Neuerung, die im 19. Jahrhundert aus Russland kam (auch wenn sie nicht von dort stammte; man kannte diese Art zu servieren bereits in der Antike, in Rom und Athen) – der *russische Service*. Der *russische Service*, nach dem die einzelnen Speisen aus der Küche frisch zubereitet auf Tellern angerichtet hereingetragen wurden, setzte sich langsam von Deutschland nach Westeuropa hin durch und löste den bis dahin üblichen und der damaligen höfischen Dekadenz geschuldeten *französischen Service* weitestgehend ab. Im heutigen Restaurantbetrieb wird das *Tellerservice* genannt.

Zum Ende des 19. Jahrhunderts bezeichnete man dann diese einzelnen Speisen als *Gänge* und stellte sie zu dem bis heute klassischen Menü zusammen:

New Years Eve Menu 2007/2008

Champagnerempfang
mit delikatem Fingerfood

Delikatessen aus dem Meer, serviert auf crushed ice:
Variation vom Hummer und Taschenkrebs,
goldene Sushi und Sashimi

Essenz von der Ente mit Wan Tan, gefüllt mit Gänsestopfleber

Gedämpfter Erdbeergrouper

Gegrillte Jakobsmuschel in der Schale serviert

Champagner beschwipstes Zitronensorbet

Kapaun in der Sesamkruste

Kotelett vom Neuseeland Lamm mit grünem Curry

Filet vom Bison mit Pok Choy

Chef Tam's knusprige Entenbrust

Charlotte von Moët Chandon Rosé
mit Limettengelee und Preiselbeer-Pfeffereiscreme

Kalte Vorspeise
Suppe
Warme Vorspeise
Fischgang
Hauptplatte als großer Fleischgang
Warmes Zwischengericht
Kaltes Zwischengericht
Sorbet
Braten
Gemüsegang
Warme Süßspeise
Kalte Süßspeise
Käsegericht
Dessert

Nun sollten diese Gänge nicht willkürlich durcheinander gereicht werden, sondern in einer harmonisch aufeinander abgestimmten Folge und nach folgerichtigen Regeln, die im Wesentlichen bis heute gelten. Eine noch geltende klassische

Regel verlangt, dass in einem Menü leichte Speisen am Anfang stehen, große Fleisch- oder Fischgerichte den Höhepunkt bilden, ein Sorbet neutralisiert und wieder leichte, kleine Speisen den Schlusspunkt setzen. Darüber hinaus soll nach der strengen klassischen Menülehre ein Menü so zusammengestellt werden, dass bestimmte Richtlinien zur Auswahl, Wiederholung und Abfolge in der Farbe, der Art der Zubereitung und der Rohstoffe bzw. Speisen Beachtung finden, wobei alle Überlegungen erst sinnvoll sind, wenn man zusätzlich die Jahreszeit, die Tageszeit, den Anlass, die Personen und auch das Budget berücksichtigt.

Übersetzt bedeutet das nichts anderes, als dass in einem Menü die gleiche Fisch- oder Fleischsorte nur einmal vorkommen und dass darüber hinaus die gleiche Farbe und Zubereitungsart innerhalb eines Menüs sich nicht wiederholen sollte – etwa sollte nach hellem Fisch, Geflügel oder Gemüse dunkles Fleisch bzw. farbiges Gemüse, nach einer gebratenen eine gedünstete, nach einer gebundenen eine klare bzw. ungebundene Speise folgen oder umgekehrt.

Zwar verharrt auch die Kochkunst nicht auf der Stelle, vielmehr entwickelt sie sich auf der Basis klassischer wie moderner, banaler wie origineller, regionaler wie exotischer Einflüsse weiter und verlangt Inspiration und Kreativität ebenso wie Professionalität. Doch selbst der hohen Küchenkunst gestatten Kenner und Kritiker nur bei einer harmonisch ausgewogenen Menüfolge Abweichungen von den klassischen Regeln.

So sind beispielsweise monothematische Menüs, die vornehmlich aus einer Zutat – Spargel beispielsweise – bestehen, oder solche, die ausnahmslos aus Schalen- und Krustentieren zusammengestellt sind, sowie rein vegetarische Menüs nicht nur beliebt, sondern auch vielversprechend, wenn sie mit viel Fingerspitzengefühl kreiert werden. Falls Sie sich als Gastgeber ob als Hobbykoch zu Hause oder im Restaurant für ein solches Einthemen-Menü entscheiden wollen, sollten Sie allerdings die Vorlieben und Abneigungen Ihrer Gäste für bestimmte Speisen genau kennen.

Kennen Sie jedoch die Vorlieben Ihrer Gäste nicht oder müssen Sie eine größere Gästezahl unter einen Hut bekommen, bleiben Sie besser bei den klassischen gastronomischen Empfehlungen für ein Menü. So mindern Sie die Gefahr, am Geschmack eines Gastes völlig vorbeizuplanen, und erhöhen die Möglichkeit dafür, dass jeder Gast wenigstens mit einem Gang richtig glücklich ist. Heute können Sie Ihre Gäste sogar mit einem Menü, das aus kulinarischen Einflüssen verschiedener Länder zusammengestellt ist, erfreuen. Zeitgemäß ist ein Menü, wenn es nicht nur leicht und klein, sondern auch stimulierend und sogar überraschend ist.

Zu einem solch hochwertigen Essen mit einem perfekt zusammengestellten Menü gehört selbstverständlich eine passende Getränkefolge. Weinkenner wählen (mit Ausnahmen), um einen optimalen Genuss zu erzielen, zarte vor würzigen, leichte vor kräftigen und alkoholarme vor alkoholreichen Weinen. Wein, der entweder einen schönen Kontrast zum Essen bildet, oder Wein, der das Essen angenehm begleitet, dürfte einem stilvollen Essen das gewisse Etwas verleihen. Wasser ist selbstredend immer auch eine Alternative – stilles Wasser, ohne Eis und ohne Zitrone!

PS: Und wenn dann noch die Zutaten ganz frisch sind, ist ein liebevoll angerichteter Teller das Nonplusultra.

Gaumenkitzel als Menü

Was ist ein Amuse-gueule-Menü?

Appetithappen kennt man bereits aus der Antike; sie sind der Auftakt eines Menüs, seitdem es sich unter dem Begriff *russischer Service* durchgesetzt hat, beim festlichen Dinieren jede einzelne Speise – Gang für Gang – frisch zubereitet aufzutragen.

Amuse gueule ist das französische und daher schickere Wort für Appetithappen. Er soll wörtlich genommen (franz.: *amuser* = amüsieren, *gueule* = Maul) zwar das Maul erfreuen (es gibt auch den synonym verwendeten Begriff Amuse bouche, der es etwas netter sagt: *Mundfreude*), ist jedoch eher als ein Gaumenkitzel zu verstehen. In der Top-Gastronomie werden diese raffinierten Minimeisterwerke inzwischen sehr ernst genommen und wie selbstverständlich noch vor der Vorspeise, zum Aperitif gereicht. In einigen Häusern erfreuen Köche ihre Gäste auch noch einmal während des eigentlichen Menüs mit einem kulinarischen Gruß aus der Küche. Der Gast hat diese meist kunstvoll angerichtete Kleinigkeit nicht bestellt und findet sie auch später nicht auf seiner Rechnung.

Ganz anders verhält es sich jedoch mit dem Amuse-gueule-Menü. Zugegeben, diese Menüform ist noch äußerst selten, so dass der Name noch nicht einmal überall in der Gastronomie bekannt ist. Das ist auch kein Wunder, da diese fantasievolle und aufwendige Kreation nur von wenigen Küchenchefs und Maîtres angeboten wird. Wie der Name schon sagt, besteht das gesamte Amuse-gueule-Menü aus vielen kleinen Appetithappen, bei denen das Charakteristische eines Amuse gueule erhalten bleibt: Jede Köstlichkeit wird als Mini-Portion angeboten und entweder nur mit einem Besteckteil, von einem eigens dafür erfundenen Löffel, dem Happy Spoon, oder mit den Fingern gegessen. Als Gesamtwerk und als Ersatz für ein festliches, gesetztes Essen besteht ein solches Menü aus einer beträchtlichen Anzahl von Gängen, meist zwischen 10 und 20. Nichtsdestotrotz wird die Folge der Speisen dem Aufbau eines klassischen Menüs fast immer angepasst und nur besonders innovative Küchenchefs sagen, dies sei nicht nötig. Somit ist auch eine fantasievolle Komposition aus kalten und warmen Kleinigkeiten, Fisch-, Fleisch- oder vegetarischen Gerichten denkbar. Dann sollten indes kräftig gewürzte Häppchen nicht vor äußerst milden serviert werden und Desserts traditionell den Schluss bilden.

Wenn Sie nun in der Gastronomie ein Amuse-gueule-Menü bestellen wollen, um Ihre Gäste mit einer solch beachtenswerten Bewirtungsform zu verwöhnen, gehen Sie bitte von der Tatsache aus, dass nur Spitzenköche genug Erfahrung mit einem Amuse-gueule-Menü haben können und dass somit ein solches Menü ein kleines Vermögen kosten kann. Und überlassen Sie es dann diesen Künstlern, die einzelnen Gänge einer Amuse-gueule-Menükreation zu entwerfen – ebenso die Auswahl der dazu korrespondierenden Weine. Das Amuse-gueule-Menü kann ferner als Amuse-gueule-Buffet bei Steh-Empfängen gereicht werden. Dann wird es Flying Buffet genannt und stellt die Edelvariante dieser Servierform dar.

Einige Verwirrung entsteht manchmal durch die synonyme Verwendung des bereits erwähnten Begriffs Amuse bouche. Genau genommen, fällt ein Amuse bouche als Appetitanreger eher etwas größer aus (franz.: *amuser* = amüsieren, *bouche* = Mund) und wird ebenfalls als appetitanregendes Amusement zum Aperitif gereicht.

Buffet halb und halb

Ist die Kombination aus servierten und am Buffet angebotenen Speisen stilvoll?

Ja, und diese Variante von Speisenangeboten erfreut sich in den vergangenen Jahren sogar wachsender Beliebtheit. Einerseits ist diese Bewirtungsform eine schöne Möglichkeit, etwas Abwechslung in die Veranstaltung zu bringen, andererseits muss man zugeben, dass es auch eine rein pragmatische Lösung sein kann. Leider gibt es nämlich bei Veranstaltungen mit großem Gästekreis nach der Eröffnung des Buffets dort oft einen unnötigen und unschönen ersten Andrang, bei dem einige Gäste sogar ihre Kinderstube zu vergessen scheinen. Falls Sie so etwas für Ihr Fest befürchten, könnten Sie diese Gefahr verringern, indem Sie den ersten Gang – etwa eine kalte Vorspeise – zunächst servieren lassen. Dann ist schon einmal der erste Hunger gestillt. Und mit der Entscheidung, die Desserts schließlich von jedem selbst vom Buffet holen zu lassen, haben Sie einen guten Übergang zum lockeren Teil des Abends geschaffen.

Von solchen taktischen Manövern einmal angesehen ist es aber völlig Ihnen überlassen, welche Gänge Sie servieren lassen und bei welchen sich Ihre Gäste am Buffet selbst die Speisen auswählen.
So könnten Sie beispielsweise die Vorspeisen und Desserts als Buffet aufbauen, Suppen und Hauptgerichte lassen Sie dagegen servieren. Oder Sie bieten zum Selbstabholen eine Auswahl warmer Gerichte vom Buffet an – beispielsweise den Zwischen- und/oder Hauptgang – und lassen Vorspeise und das Dessert servieren. Nur die Desserts vom Buffet holen zu lassen und sämtliche vorangehenden Speisen zu servieren ist ebenfalls denkbar. Mittels solcher Menü-Buffet-Kombinationen wird zuweilen sogar die Atmosphäre der Veranstaltung etwas aufgelockert, und so manche zusätzliche Unterhaltung wäre bei einem allein gesetzten Essen am Tisch nicht möglich gewesen. Dort müssen sich die Gäste – ob sie wollen oder nicht – auf die daneben oder gegenüber sitzenden Gäste als Gesprächspartner beschränken und das ist immer nur dann eine Freude, wenn die Gastgeber sich mit der Platzierung die größte Mühe gegeben haben.

Und gaben sich die Gastgeber mit der Sitzordnung diese Mühe, erhalten sie meist zu diesem Zeitpunkt bereits den ersten Lohn dafür. Den lockeren Teil der Veranstaltung werden nämlich viele Gäste als Gelegenheit nutzen, um den interessanten Tischnachbarn auch ihrem Partner vorzustellen – und sich wiederum seinem Partner vorstellen zu lassen –, und wenn die Gespräche in diesem Kreis ähnlich unterhaltsam sind, wie sie es am Tisch waren, hat sich der Abend für alle gelohnt.

Hinzu kommt allerdings auch, dass einige Menschen das stundenlange (gerade) Sitzen als sehr anstrengend oder ermüdend empfinden, und wenn zwischen den einzelnen Gängen auch noch lange Reden gehalten werden, erleben viele Menschen dies sogar als Tortur. Die Kombination von Buffet und serviertem Essen ist somit sowohl im Restaurant als auch privat zu Hause eine empfehlenswerte und zeitgemäße Alternative zu einem komplett gesetzten Essen, mit mehr Vorteilen als Nachteilen.

Flying Buffet

Was versteht man unter einem Gabel-Imbiss-Buffet und unter einem Fingerfood-Buffet?

Flying Buffets sind eine Stehbuffet-Variante, bei der kleine Portionen auf Platten angerichtet und zum Gast gebracht werden. Im Gegensatz zu einem fest aufgebauten Buffet, zu dem die Gäste anstehen müssen, fliegt das Buffet sozu-

sagen an ihnen vorbei. Eigentlich ist es eine Kombination aus Service und Buffet, denn die Gäste nehmen sich die Speisen von Platten, die ihnen der Servicemitarbeiter darreicht. Für ein Flying Buffet werden Speisen bereitgestellt, die mit einem kleinen dazugereichten Besteckteil verzehrt werden können. Das kann sowohl eine Gabel als auch ein Löffel sein. Manch kleine Köstlichkeiten werden auch direkt auf ihrem eigenen Löffel, dem Happy Spoon, angeboten. Flying Buffets waren früher vollkommen unbekannt und sind heute nicht nur en vogue, sondern eine geschmackvolle Alternative zu den oft bei Steh-Empfängen angebotenen Kanapees. Da im Stehen auch warme Gerichte wie Suppen, verschiedene kleine Fisch-, Fleisch- oder Gemüsegerichte mit einem Besteckteil relativ gut zu essen sind – sofern bei der Zubereitung darauf achtgegeben wurde –, bietet das Flying Buffet viele unterschiedliche Möglichkeiten.

Neben den kleinen Speisen, die auf Tellern mit Besteck gereicht werden, eignen sich bei Steh-Empfängen mit informellem Charakter für das Flying Buffet auch kleine Fingerfood-Speisen. Das sind kleine Speisen, die mit der Hand gegessen werden können. Damit Fingerfood halbwegs stilvoll gegessen werden kann, ist es besonders wichtig, die Größe der kleinen Speisen mundgerecht zu gestalten, so dass keine Schmiergefahr für die Finger besteht. Dazu eignen sich winzige, gut aufgespießte Kleinigkeiten: Mini-Quiches, Fisch-, Fleisch- und Gemüsebällchen (ohne Saucen) oder kleine Frühlingsrollen. Zum Säubern der Finger reicht dann eine Serviette.

Wichtig ist allerdings, den Gästen neben ausreichend Stehtischen auch genügend Abstellflächen für die Teller, Spieße und Papierservietten anzubieten oder – besser – entsprechend geschultes Servicepersonal zu engagieren.

Keinesfalls dürfen diese Überreste nämlich auf den herumgereichten Tabletts neben den noch angebotenen Häppchen abgestellt oder abgelegt werden. Und keinesfalls dürfen irgendwelche Abfälle in Aschenbechern entsorgt werden. Aschenbecher sind schließlich keine Abfallbehälter, sondern allein für Streichhölzer und Zigaretten vorgesehen.

Schließlich bleibt noch die Frage: *Wohin mit dem Glas?* Zwar gibt es heute Glashalter, die einfach an den Tellerrand geklemmt werden, oder sogar Teller, in die Gläser mit dem Stiel eingehängt werden können – doch stilvoll ist das alles nicht.

Ob ein Flying Buffet nun eine stilvolle Alternative ist oder nicht, hängt einerseits von der Qualität der Speisen und andererseits von der Umsichtigkeit des Servicepersonals ab. Letztlich muss diese Servierform vor allem zur Veranstaltung und zu den Gästen passen.

Wein probieren

Wie nimmt man stilvoll den sogenannten Wein-Probierschluck im Restaurant?

Nach der traditionellen Etikette gehört es zur Pflicht des Gastgebers – in diesem Falle ist tatsächlich nur der Mann gemeint –, den Wein auszuwählen, ihn zu bestellen und gegebenenfalls auch den Probierschluck zu nehmen. Zwar hätte der Gastgeber diese verantwortungsvolle Aufgabe auch früher schon einem anderen männlichen Gast oder dem Sommelier übertragen können, aber der Gastgeberin? Niemals! Wein war reine Männersache.

Zugegeben, die allermeisten Gastgeber werden diese schöne Aufgabe auch weiterhin gern selbst übernehmen, doch falls die Gastgeberin mehr vom Wein versteht, dann bestellt und probiert sie den Wein. Und wenn beide keine Ahnung haben, können sie den Wein auch einem, sogar weiblichen, Gast anvertrauen. So oder so bleibt allerdings die Verantwortung bei den Gastgebern.

Wer nun auch immer den Wein auswählt, bekommt, nachdem das Menü zusammengestellt wurde, die Weinkarte, zu deren Studium er sich ein kleines Weilchen aus dem Gespräch zurückziehen darf. Falls es eher eine inoffizielle Situation ist und insbesondere dann, wenn Weinkenner gemeinsam essen gehen, möchte er oder sie unter Umständen lieber demokratisch über die Auswahl des passenden Weines entscheiden lassen, und sicher wird niemand daran etwas Schlimmes finden, doch den Probierschluck nimmt immer derjenige, der bestellt. Obwohl heute in einigen Häusern bei einer kleinen Gästezahl sogar die gesamte Tischgemeinschaft den Wein probieren darf. Warum auch nicht? Dass ein Probierschluck natürlich überhaupt erst für den gehobenen Flaschenwein passend ist, sollte keiner besonderen Erwähnung wert sein, und dass er erst bei großen – teuren – Weinen sogar ein wenig zelebriert werden darf, ebenfalls nicht. Wenn Sie hingegen wünschen, vom offenen Hauswein einen Probeschluck zu nehmen, ist das ziemlich peinlich.

Der zelebrierte Probierschluck geht so: In einem gehobenen Restaurant präsentiert der Sommelier oder die Sommelière (vom altfranz.: *somme* = Amtspflicht; Weinkellner bzw. Weinkellnerin) dem Gastgeber die gewünschte Flasche von der linken Seite, damit er zunächst das Etikett danach prüft, ob es sich um den gewünschten Wein handelt. Der Sommelier öffnet am Nebentisch in Sichtweite des Gastgebers die Flasche, prüft den Korken nach Fehlern und übergibt ihn manchmal dem Gast auf einem Teller. Nun schenkt der Sommelier dem Gastgeber von der rechten Seite her einen kräftigen Schluck ein. Auf diese Weise kann der Gastgeber den Wein **mit den Augen** auf seine Klarheit prüfen. Dazu hält er das Weinglas – korrekt am Stiel – gegen eine Lichtquelle. Zeigen sich da schleierartige Trübungen, deutet das bereits auf Veränderungen in der Flasche. Nun wird das Glas vorsichtig gedreht und beobachtet, wie der Wein an der Glasinnenseite zurückläuft. Bei älterem, gehaltvollerem Wein läuft er eher ölig und bei jüngerem oder einfachem Wein wird er wie Wasser zurücklaufen. Ruhig das Glas haltend, riecht der Gastgeber kurz in das Glas hinein und schwenkt erst dann den Wein im Glas leicht. Dabei entfaltet sich der Wein und erhält mehr Duftintensität; fehlerhafte Details werden so besser wahrgenommen – der Gastgeber prüft so den Wein **mit der Nase**. Ist im Wein ein Korkton erkennbar, ist er nicht genießbar! Hat der Wein einen deutlich artfremden Geruch oder Geschmack, könnte man darüber diskutieren, riecht der Wein muffig, deutet das auf einen Fehler des Kellermeisters hin. Andere Weinfehler sind oft schon am Weinberg entstanden und für den Laien meist nur an einem *Der Wein gefällt mir nicht* erkennbar. Daher Vorsicht, allein Ihr Geschmack wäre kein akzeptabler Grund, den Wein zurückzugeben! Zum Abschluss wird der Wein **mit der Zunge** getestet, indem ein ordentlicher Schluck in den Mund genommen wird. Auf der Zunge werden die vier Geschmackskomponenten süß – sauer – salzig – bitter wahrgenommen und insbesondere unter der Zunge die Temperatur geprüft. Meist bestätigt sich das, was die Nase bereits festgestellt hat. Erlaubt die Qualität des Weines es nicht, dass der Probierschluck zelebriert wird, geht das alles ganz schnell – sehen, riechen, schmecken. Das Mitprobieren ist übrigens nur üblich, wenn ein Sommelier, der Oberkellner oder der Wirt persönlich den Wein serviert.

Der Wein kann beanstandet werden, wenn er korkt oder trüb ist, wenn er untypisch riecht oder schmeckt oder wenn der Kenner einen Weinfehler bemerkt hat. Zum Nachkühlen geht er zurück, wenn der Wein zu warm ist. Ansonsten akzeptiert der Gastgeber den Wein und befindet ihn für korrekt – auch dann, wenn er ihm geschmacklich nicht gefällt.

Nachdem die Weingläser der Gäste gefüllt sind, ist es Gastgeberpflicht, mit einem *Prosit* (lat. = möge es bekommen) oder mit einer deutschen Übersetzung wie *Wohlsein* oder *Zum Wohl* – aber bloß nicht *Prost* – den Wein zu eröffnen. Auf das Anstoßen sollte aus historischen Gründen in Gesellschaft verzichtet werden, jedenfalls darf niemals ein Gast damit beginnen. Wenn Gastgebende diese archaische Sitte schön finden und es einen besonderen Grund zum Feiern gibt, ist auch das einmalige Aneinanderstoßen der Gläser kein Zeichen für gegenseitiges Misstrauen. Im Mittelalter war das allerdings etwas anderes, da wurde mit kalten Getränken in Humpen so heftig aneinandergestoßen, dass sich die Getränke mischten. So konnte sichergestellt werden, dass keiner dem anderen Gift in das Getränk gegeben hatte.

PS: Bei dem Trinkspruch *Auf Ihr Wohl* trinkt derjenige, auf dessen Wohl getrunken wird, nicht mit.

Flaschenreste mit Depot

Wird der letzte Rest in der Weinflasche dem Gast eingeschenkt oder sollte der Gastgeber selbst die Neige trinken?

Ist nur noch ein halbes Glas Wein – rot oder weiß – in der Flasche, schenken Sie diesen Rest besser – wenn überhaupt – sich selbst ein, bevor Sie eine neue Flasche aufmachen. In dem letzten Rest einer guten Weinflasche befindet sich das Depot, das sich altersbedingt bildet. Das Depot ist keinesfalls ein Weinfehler, sondern das sind die harmlosen inneren Niederschläge der festen Bestandteile des Weins – bei Rotwein ist das die dunkel ausgeflockte Gerbsäure, bei Weißwein der Weinstein. Das Depot enthält Trübstoffe und wird, da es deutlich den Genuss mindert, nicht getrunken – an und für sich auch nicht von Ihnen. Wollen Sie sich beispielsweise mit Ihren Gästen einen älteren, schweren Rotwein gönnen, sollten Sie ihn schon einige Zeit vorher behutsam dekantieren, damit er, indem er mit Luft in Berührung kommt, sein volles Aroma entfalten kann. Dabei bleibt ein Rest mit dem eventuell vorhandenen Depot in der Flasche.

Dekantieren Sie den Wein aber bitte nur, wenn es sich wirklich um einen großen (teuren) Wein handelt, sonst wird es peinlich – im Zweifel lassen Sie das also besser bleiben. Oder benutzen Sie dafür dann einen Dekantierausgießer – das hat einen ähnlichen Effekt, beweist aber Understatement.

Sehr alte Weine überstehen manchmal diesen Sauerstoff-Schock gar nicht so gut, daher sollten sie – wenn überhaupt – immer ganz vorsichtig in eine Karaffe dekantiert werden. Der je nach Größe des Weines mehr oder weniger zelebrierte Probierschluck wurde natürlich bereits vor dem Dekantieren genommen, um zu entscheiden, ob sich die ganze Prozedur überhaupt lohnt. Korkt nämlich der Wein, kommt er weg, ist er zu warm, muss er nachgekühlt werden.

Nach einiger Zeit kann der Wein – egal, ob aus der Karaffe oder aus der Weinflasche – dann in die Gläser gegossen werden, wobei darauf zu achten ist, dass die Karaffe oder die Weinflasche, deren Etikett beim Eingießen zum Gast zeigt, nicht den Glasrand berührt. Der Wein soll langsam in das Glas fließen und es passend zum Glas und passend zum Wein füllen. Die passende Füllhöhe ist meist an der bauchigsten Stelle am Glas. Als Orientierungshilfe: Große Gläser sollten bis zu einem Drittel mit ungefähr einem Achtelliter Wein und kleinere Weißweingläser maximal zu zwei Drittel gefüllt werden.

Zum Eingießen bleibt im Übrigen das Glas normalerweise auf dem Tisch stehen. Der Kellner bzw. zu Hause der Gastgeber kann das Glas natürlich auch zum Eingießen ausheben, doch niemals sollte der Gast sein Glas (egal, welches) dem Eingießenden hoch- oder hinhalten.

Das Eingießen des Weins erfolgt nun wieder – wie sollte es anders sein – entsprechend der Rangfolge der Gäste. Zuerst wird dem wichtigsten Gast (Mann oder Frau), dann den anwesenden Frauen, dann den Männern und zuletzt dem Gastgeber der Wein eingeschenkt, stets von der rechten Seite her. Der Restaurantmitarbeiter hat die Aufgabe, den Wein nachzugießen, wenn das Glas leer zu werden droht. Falls Gäste keinen Wein mehr trinken möchten, müssen sie das dem Kellner mitteilen. Allerdings ist es ja nicht selbstverständlich, dass man von geschulten Kellnern bedient wird, und falls Sie sich nicht gerade in einem Gourmetrestaurant befinden, kann dieses stete Nachschenken, das hier eine Selbstverständlichkeit ist, sowieso kaum noch erwartet werden. Da wird diese Kellnerpflicht zur Gastgeberpflicht, und ohne Gastgeber wird einer aus der Tischgemeinschaft reagieren müssen, falls man noch ein weiteres Glas Wein trinken möchte. Es ist dann nicht altmodisch, wenn diese Aufgabe ein Mann übernimmt, falls es eine gemischte Runde ist. Frauen könnten ihn sogar dazu auffordern, ohne dass das besonders antiquiert wirken würde. Wenn eine Frau

einem Mann Wein nachgießt, ist das immerhin vergleichbar mit dem Zurechtschieben des Stuhls oder mit dem In-den-Mantel-Helfen. Doch meist werden sowohl junge als auch alte Kavaliere Frauen gegenüber sowieso zuvorkommend sein.

So oder so, während das erste Glas Wein getrunken wurde, ist der Wein in der Flasche ohne die richtige Kühlung zu warm geworden! Ist zudem nur noch ein kleiner, warmer Rest in der Flasche oder in der Karaffe, wird ein Sommelier das nicht mehr anbieten (wollen), und auch Sie sollten einen solchen Rest zu Hause lieber großzügig, nicht verschwenderisch, wegstellen. Damit erweisen Sie sich als Weinkenner und zollen nicht nur Ihrem Gast, sondern auch dem Wein Ihren Respekt – der will so nicht mehr getrunken werden. Oder nehmen Sie sich selbst den letzten Schluck und geben Sie dazu eine verbale Erklarung, indem Sie beispielsweise sagen: *Den Rest nehme besser ich …* Für Ihre Gäste holen Sie eine neue Flasche. Damit zeigen Sie, dass Sie die Regel kennen, aber auch, dass Sie erkannt haben, wie man sie situationsabhängig anzuwenden hat.

Aperitif und Digestif

Was ist bei dem Vorher und Nachher, die ein perfektes Menü neben dem Wein begleiten, zu beachten?

Ein großes Abendessen ohne etwas davor ist für mich nur die halbe Freude, und für andere wiederum ist es nur halb so viel wert, wenn kein Danach angeboten wird. Und diejenigen, die beides für wichtig erachten, liegen auch nicht falsch. Daher ist es umsichtigen Gastgebern nur zu empfehlen, an beides zu denken. Bestimmt wurde schon immer etwas Alkoholisches vor dem Essen getrunken, um den Appetit anzuregen, doch das Kunstwort *Aperitif* gibt es erst seit Ende des 19. Jahrhunderts. Ursprünglich genossen französische Geschäftsreisende nach ihrer Heimkehr in kommunikativer Bistrorunde ein gekräutertes Schnäpschen.

Nutzen Sie den Aperitif auch heute als freundliche Willkommensgeste für Ihre Gäste. Der Aperitif ist als Eröffner (lat.: *aperire* = öffnen) des Appetits das dienlichste Mittel und wird demnach vor dem Essen getrunken. Er sollte weder süß noch hochprozentig sein, da das den Gaumen denaturiert, also die Geschmacksnerven abstumpfen lässt.

Champagner ist nach wie vor der Aperitif-Klassiker Nummer 1; er ist immer wieder vielversprechend – und erstaunlich verführerisch, wie Madame Lily Bollinger (Champagner Bollinger) es charmant-kokett gesteht: «Ich trinke Champagner,

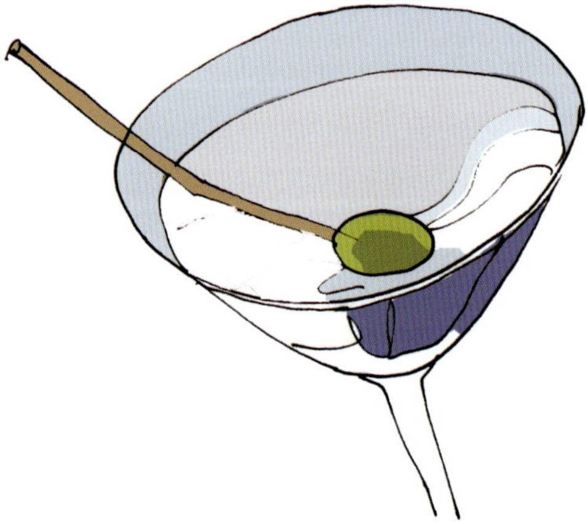

wenn ich froh bin, und wenn ich traurig bin. Manchmal trinke ich davon, wenn ich allein bin; und wenn ich Gesellschaft habe, dann darf er nicht fehlen. Wenn ich keinen Hunger habe, mache ich mir mit ihm Appetit, und wenn ich hungrig bin, lasse ich ihn mir schmecken. Sonst aber rühre ich ihn nicht an, außer wenn ich Durst habe.» Mit dieser Einstellung verleiht sie dem Champagner sogar wieder eine gewisse luxuriöse Einfachheit.

Geeignet sind generell kohlensäurehaltige, trockene Getränke wie:

Champagner, Rieslingsekt, Prosecco
trockener Weißwein
gekühlter trockener Sherry
dezenter Cocktail

Der Aperitif wird im kleinen Kreis üblicherweise am Tisch gereicht. Er soll ausgetrunken sein beziehungsweise nicht mehr weiter getrunken werden, sobald der erste Wein eingeschenkt und das dazugehörige Essen serviert wurde. Daher darf man sich an dem einen Glas gar nicht so lange aufhalten beziehungsweise man muss den Kellner anweisen, mit Wein und dem Essen doch noch einen Moment zu warten.

Bei größeren Essenseinladungen wird vor dem eigentlichen Beginn der Veranstaltung ein Empfang gegeben. Dabei trinken die Gäste den Aperitif stehend in einem separaten Raum, im Freien auf der Terrasse oder in der Lobby des Hauses. Danach darf das Glas keinesfalls mit zum Esstisch genommen werden, egal, ob es leer oder noch halbvoll ist. Wird zu Tisch gebeten, sollen die Gläser auf Tabletts oder Tischen abgestellt werden; es sieht nämlich nicht elegant aus, wenn auf den liebevoll gedeckten Tafeln überall halbvolle Gläser zwischen den Gedecken stehen.

Zum Aperitif empfiehlt es sich oft, ein paar Fingerfood-Kleinigkeiten anzubieten: gut sind Oliven, Kanapees aus weichem Brot – aber keine Erdnüsse (sie verkleben die Geschmacksnerven).Anstelle eines Aperitifs können auch andere Getränke gereicht werden, beispielsweise Wasser, Apfelschorle oder Bier.

Nach dem Essen beziehungsweise nach dem Kaffee (Espresso natürlich) sollten Sie Ihren Gästen einen Digestif anbieten. Franzosen sprachen davon, dass das hilfreiche – ursprünglich medizinische – Mittel nach der Völlerei der digestion (von lat.: *digestio* = Verteilung) auf die Sprünge hilft, weshalb es später den Namen Digestif erhielt. Das kann, als hilfreicher Klassiker, ein Kräuterlikör sein oder aber auch:

Cognac
Brandy, Armagnac
schottischer Whisky Single Malt oder ein milderer irischer Whiskey
Grappa oder Tresterbrände
diverse Obstbrände
Aquavit, Korn und Wodka

Zwar nicht die edelsten Sorten, aber doch einen angenehmen Bekömmlichkeitstrunk spendiert seinen Gästen hierzulande auch gern der südländische Wirt – er kommt dann meist zusammen mit der Rechnung.

Espresso, Mokka, Caffè oder Petit noir?

Kann man statt des Espressos am Ende eines festlichen Essens auch einen Cappuccino bestellen?

Cappuccino nach dem Essen? Auf gar keinen Fall! Wenn die Gastgeber nach dem Essen einen Kaffee anbieten, dann ist damit kein Cappuccino gemeint, den Italiener am liebsten zum Frühstück trinken, und auch weder ein Latte macchiato, der dem Cappuccino ähnelt, aber milder ist und raffiniert im Glas geschichtet wird und der selbst für italienische Schulkinder bereits zum Alltag gehört, noch ein Caffè latte, der in Deutschland der Milchkaffee und in Frankreich der Café au lait ist. Die Gastgeber denken an einen Espresso (ital. = ausgepresst) – einfach oder doppelt –, der hier früher Mokka hieß. Heute dient Espresso als deutsche Übersetzung für den italienischen Caffè solo oder Caffè doppio. Von den Franzosen wird er nach dem Menü als Petit noir – *Kleiner Schwarzer* ohne alles – getrunken.

Zwar wird der Restaurantmitarbeiter fragen: *Kaffee, Espresso, Cappuccino?*, doch das ist einerlei und lässt entweder auf seine geringen Kenntnisse, auf den mangelnden Stil des Hauses oder aber – das ist leider am häufigsten so – auf Erfahrungen mit weniger kundigen Gästen schließen. Stilvolle Gäste bestellen einen einfachen oder auch einen doppelten Espresso.

Ein Espresso ist wegen der enthaltenen Bitterstoffe ausgesprochen bekömmlich und wirkt ähnlich wie ein Digestif, der entweder zum oder nach dem Espresso getrunken wird. Weder der Espresso noch der Digestif müssen freilich bestellt werden, sollten aber immer angeboten werden, weil sie für viele Menschen schlichtweg zu einem großen Essen dazugehören. Als Alternative können Sie anstelle eines Espressos allenfalls einen schwarzen Kaffee oder einen entsprechenden Tee bestellen.

Im Buch der Etikette von 1957 heißt es dazu: «Der aromatische Abschluß. Ein französischer Aphorismus, im Zusammenhang mit Tafelfreuden geprägt, enthält die Forderung: Die Dame des Hauses sei die Göttin des Kaffees. Es ist dies eine recht verantwortliche Aufgabe, denn – auch das beste Mahl bleibt unvollkommen, wenn der Mokka kein Mokka, sondern das ist, was die Ostpreußen Plauzplärre nennen. Man sagt von einem guten Mokka bekanntlich, er müsse schwarz wie die Nacht, heiß wie die Hölle und süß wie die Liebe sein.»

Damals wurde er keinesfalls am Esstisch, sondern immer im Empfangsraum gereicht – in hauchdünnen Porzellantassen.

Einen Milchkaffee statt seiner zu bestellen, ist nicht nur stillos, sondern auch ausgesprochen unhöflich. Der feinfühlige Gastgeber interpretiert Ihre Bestellung so: *Meinem Gast hat das Essen nicht gereicht, er braucht noch etwas Sättigendes.* Auch wenn eine solche Bestellung keine beabsichtigte Unhöflichkeit ist, ändert das nichts daran, dass es nun mal eine ist – dazu eine, die unnötig ist. Doch leider bleibt es dann oft nicht bei dieser Unhöflichkeit, es folgt gleich hinterher ein weiterer Verstoß gegen die internationale Etikette: Der Cappuccino wird genüsslich mit dem Löffel «gegessen» oder – und das ist nicht weniger schlimm – der Löffel wird nach dem Umrühren in den Mund genommen – wahrscheinlich, um ihn zu säubern. Doch auch, wenn diese Unsitte inzwischen weitverbreitet ist: Der Kaffeelöffel ist nur und ausschließlich zum Umrühren von Zucker und/oder Milch gedacht – nicht zum Ablecken und auch nicht, um davon zu essen.

Selbst das Kaffeetrinken ist also aus Etikettesicht kein Pappenstiel, sondern mit einer Menge Regeln verbunden, die gar nicht so unbedeutend sind. Etwa führt es ferner zu großem Kopfschütteln, wenn man beobachten kann, dass die Kaffeetasse zum Nachschenken von Kaffee ohne die dazugehörige Untertasse gereicht wird. Unter-

tasse und Tasse gehören nämlich zusammen, wie auch Kaffeepott und Untertassen. Nur der Vollständigkeit halber: Tassen und Pötte werden nur am Henkel gehalten! Es sieht in Wahrheit gar nicht gemütlich aus, wenn man mit aufgestützten Ellenbogen beidhändig den Kaffeepott umfangen hält und mit eingezogenem Kopf trinkt, sondern eher scheußlich.

Essetikette gab und gibt es überall

Worauf kommt es bei guten Tischmanieren an?

Auch wenn sich im Gegensatz zu früheren Regelungen einige Ansichten in Bezug auf perfekte Umgangsformen deutlich gelockert haben, sind Kenntnisse der heutigen Etiketteregeln bei Tisch nach wie vor das sichtbarste Zeichen für persönliche Kultur und somit überall auf der Welt entscheidend dafür, ob jemand Karriere macht oder nicht – im privaten wie im beruflichen Leben. Zu sehr ist in den Köpfen der Menschen die Überzeugung verankert, dass derjenige, der sich am Tisch gut zu benehmen weiß, wohl auch sonst ein höflicher und gebildeter Mensch sein wird. Umgekehrt gilt dasselbe. Schlechte Tischmanieren sind der so ziemlich sicherste Garant dafür, im gesellschaftlichen Aus zu landen – und zwar ohne jemals die Gründe dafür zu erfahren. Tischsitten und Tafelgebräuche sind in allen Kulturen der Welt das Ergebnis einer dynamischen Verfeinerung von Geboten und Verboten, die allesamt von der jeweils herrschenden Oberschicht ausgingen, wobei für die Entwicklung der Esskultur auch immer das Verhältnis der Schichten einer Gesellschaft zueinander wichtig war. So gingen im Abendland sämtliche Neuerungen, die zur Verfeinerung der Tischmanieren führten, vom Adel – genauer vom französischen Adel – aus. Doch kaum hatte sich der Adel eine Regelung ausgedacht, wurde sie – innerhalb einer Generation – von der niederen Schicht übernommen, «... und kaum hatten diese sie übernommen, hatten die Höfe neue Regelungen hinzugefügt, so dass der lerneifrige Bürger immer noch nicht auf der Höhe der feinen Leute war. Die wollten sich eben gern abgrenzen. Aber die Bürger wollten gern dabeisein und sich ihrerseits nach unten abgrenzen ...»

Heute ist das im Wesentlichen nicht anders. Die tonangebenden Kreise einer jeden Gesellschaft – im großen wie im kleinen Rahmen; hier und überall auf der Welt – bestimmen, was vornehm ist und wer mit welchem Verhalten dazugehört. Nun ist, seit Menschen Aufzeichnungen über das Verhalten beim Essen machen – die vermutlich ältesten Maximen findet man in den Lehren des ägyptischen Wesirs Ptahhotep von vor mehr als 4000 Jahren –, die Esskultur nie auf die reine Ernährung beschränkt gewesen. Auch daran hat sich rein gar nichts geändert, das sind die Grundgedanken jedes inoffiziellen und offiziellen Essens heute.

Norbert Elias' komplexe Theorie über die wichtiger werdende abendländische Etikette macht deutlich, dass darüber hinaus all das mehr und mehr tabuisiert wurde, was das zunehmend stärker werdende Gefühl für Peinlichkeiten verletzen konnte. Für die Verfeinerung dessen, was als peinlich zu gelten hat, dienten im Wesentlichen ästhetische Kriterien. Ästhetik wird nun nicht nur auf das bezogen, was man sieht, welchen Anblick ein Mensch beim Essen bietet, sondern auch auf alles, was man hört – Körpergeräusche sowieso, aber auch die Geräusche von Klappern mit dem Besteck und dem Geschirr. Und Ästhetik bezieht sich auch auf den Geruch – der Menschen, der Umgebung und des Essens. In der Kulturgeschichte des Essens wird deutlich, dass sämtliche Etiketteregeln heutiger Ess- und Tischmanieren auf der jeweiligen Definition von Ästhetik basieren.

Zusammengefasst: Es geht um das in Gemeinschaft eingenommene nahezu geräuschlose und ästhetisch anzuschauende langsame kommunikative Essen, das mit allen, die dazugehören, geteilt wird. Oder: Es ist nicht so wichtig, was auf den Tischen steht – es ist viel wichtiger, wer wie auf den Stühlen sitzt.

Viel geändert hat sich nicht!

Was hat sich bei den Tischmanieren geändert?

Mit den Tischsitten und Essgebräuchen unserer Vorfahren vor einigen Hundert Jahren würden wir uns heute nicht mehr zurechtfinden. Da wurde um 1200 in den unter dem Namen Tannhäuser überlieferten Tischzuchten etwa solches Benehmen an den Höfen bemängelt:

«sich wie ein Schwein über die Schüssel hängen und schmatzend schnappen, so gierig essen, dass man sich in den Finger beißt, mit vollem Mund wie ein Vieh trinken, mit fettigem Mund aus dem gemeinsamen Glas trinken, sich ins Tischtuch schnäuzen, mit dem Messer in den Zähnen bohren, Nase mit Fingern schnäuzen und es in der Hand verreiben (mit der man ja in die gemeinsame Schüssel langt)».

Doch soll es in den folgenden Ausführungen eher um Veränderungen in den vergangenen etwa 60 Jahren gehen. Studiert man Aufzeichnungen über die Esskultur, Etikettebücher und Benimmregeln zum Thema Essen, fällt auf, dass immer wieder betont wird, dass es nicht nur auf die Anmut beim Essen ankommt, sondern ferner auf eine kunstvolle Unterhaltung. Das wird zwar heute genauso gesehen, nur dürfen im Gegensatz zu früher heute auch Kinder mitreden – selbst wenn sie nicht gefragt werden.

Darüber hinaus werden heute Linkshänder toleriert. Zwar bekommen sie immer noch nicht ihr seitenverkehrt eingedecktes Gedeck und sie dürfen am Tisch sitzend auch immer noch nicht alles nach ihrem Gusto umbauen, doch Gang für Gang darf Messer und Gabel in der Hand gewechselt und dann linkshändig gegessen werden. Das ist aber auch das Einzige, was toleriert wird – nicht toleriert wird hingegeben, dass etwa auf der «falschen» linken Seite das Besteck zum Beenden des Ganges abgelegt wird und die Gläser dort abgestellt werden oder dass auf der «falschen» rechten Seite der Brotteller oder der Gemüse- beziehungsweise der Salatteller deponiert oder die Serviette platziert werden.

Als Messerklingen noch nicht anlaufgeschützt waren und in Verbindung mit bestimmten Säuren sofort hässlich blauschwarz anliefen und somit einerseits selbst unappetitlich aussahen, aber auch den Geschmack der Speisen beeinträchtigten, sollten Eier und Eierspeisen sowie Gemüse und Salat nicht mit dem Messer in Berührung gebracht werden. Dank dem Erfinder des Anlaufschutzes ist das heute überholt. Eier dürfen also heute sogar vorsichtig geköpft werden, große Salatblätter und Gemüse geschnitten werden. Erst seitdem mögen viele Menschen überhaupt Spargel essen; vorher war Spargel ein Halb-Fingergericht. Geblieben ist jedoch, dass das Schneiden bei Eierspeisen, für die die Verwendung eines Messers unnötig ist, und das Schneiden von Kartoffeln weiterhin nicht gerne gesehen wird. Kartoffeln sollten nach wie vor nur mit der Gabel gebrochen werden, so dass mit der porösen Fläche die Soße besser aufgenommen werden kann. Das ist bei einer glatten Schnittfläche nicht möglich, ein Gourmet würde die Kartoffel also nie schneiden.

Ein Anstandshappen muss nicht mehr auf dem Teller übrig bleiben und auch die (essbare) Dekoration auf dem Teller darf ebenfalls verzehrt werden. Solche überholten Etiketteregeln würden heute als Verschwendung angesehen werden.

Papierservietten werden seit der Mülltrennung nicht mehr zerknüllt auf den Teller gelegt, sondern wie eine Stoffserviette gehandhabt, also links neben dem Gedeck abgelegt.

Nicht geändert hat sich, dass ästhetische Tischmanieren nicht nur in bester Gesellschaft und beim Essen von Delikatessen notwendig sind, sondern auch für ein einfaches Essen. Man sieht einem Menschen, der stilvoll seine Bulette isst, an, dass er eine gute Erziehung genossen hat, während bei einem anderen, der Kaviar, Hummer und Champagner auf rohe Weise vertilgt, höchstens deutlich wird, dass Vermögen und gutes Benehmen nicht zwingend in einer Person vereint auftreten müssen.

Kopf hoch und Ellenbogen runter

Welche Sitzhaltung ist nach deutscher Tischsitte korrekt?

Egal, ob am Küchentisch, in der Kantine, im Gourmetrestaurant, beim netten Italiener oder bei einem festlichen Bankettessen:

Das auffälligste Kennzeichen für gute oder fehlende Tischmanieren ist die Art der Körperhaltung. Jemand, der beinahe auf dem Tisch oder auch auf dem Stuhl liegt, der beim Essen die Unterarme oder Ellenbogen auf den Tisch stützt, bietet einen solch unerfreulichen Anblick, dass es nun schon fast egal ist, wie derjenige denn mit Messer und Gabel umgeht. Eine Körperhaltung, die so aufrecht wie möglich ist, ist also in der europäischen Esskultur am Tisch das A und O.

Überall in Europa ist es richtig, sich gerade auf die Mitte des Stuhles zu setzen. Beide Füße sollen, ungefähr hüftbreit, auf dem Boden aufgestellt sein und beide Hände sollen bis zum Handgelenk auf dem Tisch liegen. Die Beine unter dem Tisch übereinanderzuschlagen ist zwar nicht vollkommen falsch, doch durch den ständigen Wechsel von einem Bein auf das andere sieht das oberhalb der Tischplatte nach einem ständigen Gezappel aus.

Gerade auf dem Stuhl sitzend, sollte man sich weder an die Rückenlehne anlehnen noch die Arme auf eventuell vorhandenen Armlehnen ablegen und sich auch nicht vorne an den Tisch lehnen. Zwischen Tisch und Körper sollte ungefähr eine Handbreite und zwischen Rücken und Lehne mindestens eine Faust Platz haben. Wer diese Sitzhaltung ausprobiert, wird schnell feststellen, dass sie ganz leicht bei einem 3- bis 4-stündigen Essen durchzuhalten ist – es klingt schwieriger, als es tatsächlich ist.

Die Arme sollen beim Essen und Trinken so dicht wie möglich am Körper bleiben. Gesten gehören zur Kommunikation, doch Gestikulieren wirkt am Tisch eher peinlich als temperamentvoll.

Diese aufrechte Körperhaltung bleibt auch beim Essen – egal, ob Suppe oder Braten – erhalten. Man soll sich generell bei keiner Speise über den Teller beugen, sondern Löffel oder Gabel zum Mund führen, nicht umgekehrt.

Am meisten in Vergessenheit geraten ist jedoch, dass, sobald man das Besteck in den Händen hält, auch nicht mal mehr die Handgelenke den Tisch berühren sollen. Die Unterarme schweben dann quasi kurz über der Tischplatte und dürfen erst wieder auf der Tischplatte platziert werden, wenn das Besteck aus der Hand gelegt wird. Dass die Unterarme oder gar die Ellenbogen beim Essen nichts auf dem Tisch zu suchen haben, muss somit gar nicht mehr betont werden, und schließlich hat das jedes Kind einmal gelernt.

Isst man Speisen nur mit einer Hand, dann wird die andere Hand in Europa auf den Tisch gelegt und nicht auf den Schoß. Woanders auf der Welt mag das in Ordnung sein, doch hier ist die Hand unterm Tisch unpassend.

In privaten Situationen darf die ganz aufrechte Haltung ein wenig weiter vorgebeugt sein, wenn sich zum Beispiel Partner oder Freunde im angeregten Gespräch – zwischen den Gängen und nach dem Essen – etwas mehr «entgegenkommen». Mehr Freiheiten oder mehr Strenge sind – was die Haltung betrifft – in keiner Situation notwendig, um sowohl bequem als auch stilvoll am Tisch zu essen.

Ästhetik für die Sinne

Welche Tabus deutscher Tischsitten sollte man kennen?

Tabu ist eine schlechte Körperhaltung. Das hatten wir schon. Dieses und auch die hier folgenden Tabus basieren auf der Grundforderung, dass das gemeinschaftliche Essen für die Augen, für die Ohren und für die Nase ästhetisch sein soll.

Daher ist es an allen Esstischen tabu,

- ungewaschen oder auch zu viel oder zu stark parfümiert zu speisen
- während eines Menüs zwischen den Gängen zu rauchen
- zu schmatzen, außer bei der Weinprobe
- zu schlürfen, außer beim Austernessen
- mit offenem Mund zu kauen
- mit vollem Mund zu trinken
- mit zu vollem Mund zu sprechen
- zu viel in den Mund zu nehmen
- noch während des Kauens schon den nächsten Bissen auf die Gabel oder den Löffel zu nehmen
- beim Essen nicht hochzuschauen und mit dem Blick auf den Teller fixiert zu verharren
- gierig zu essen
- im Essen lustlos herumzustochern
- Speisen kalt zu pusten
- Speisen durcheinander zu quetschen
- mit den Fingern Gräten oder Ähnliches aus dem Mund zu holen

- vor der Vorspeise den Brotkorb leerzuessen
- mit Brot den Teller abzuwischen oder Brot ins Essen zu tunken
- Kekse und Kuchen in den Kaffee oder den Kakao zu tunken
- mit großer Geste zu sprechen
- ausgiebig die Nase zu putzen und einen Hustenanfall am Tisch durchzustehen
- mit dem Besteck zu klappern oder zu gestikulieren
- die Serviette nicht zu benutzen
- Gläser, die einen Stiel haben, am Kelch zu halten
- Gläser, egal welche, zum Nachschenken hochzuheben
- Kaffeetassen zum Nachschenken ohne Untertasse zu reichen
- Tassen und Pötte nicht am Henkel zu halten
- Kaffee, egal welchen, oder Kakao zu «essen»
- Zahnstocher zu benutzen
- Make-up aufzutragen oder sich nur die Lippen nachzuziehen
- die Haare zu kämmen
- hitzige Diskussionen zu führen
- *Bin ich satt!* zu sagen

Sicher lässt sich die Liste noch erweitern, aber das sind die wichtigsten Tabus am Tisch – neben all denen, die in anderen Texten beschrieben werden. Auch wenn dem einen oder anderen bisher gar nicht bewusst war, was man alles falsch machen kann, sei er doch versichert, dass er eventuelle Fehltritte bisher nur aus Höflichkeit und nicht, weil es nicht bemerkt worden wäre, nicht erfahren hat.

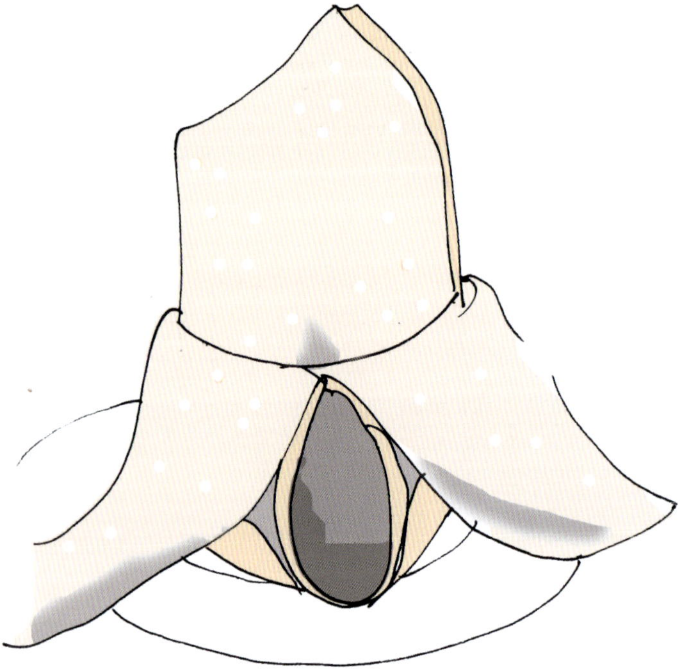

Serviette benutzen

Wie wird die Serviette richtig benutzt, und wo soll man sie nach dem Essen ablegen?

Die Serviette hat eine sehr lange Tradition und ist heute keineswegs als Schutz für die Kleidung, sondern allein zum Abtupfen der Lippen gedacht. Wer sich mit ihr auskennt und den Umgang mit Servietten gewohnt ist, wird sofort nach dem Hinsetzen nach ihr greifen – insbesondere, wenn sie hoch drapiert vor einem steht. Ist man allerdings eingeladen, orientiert man sich an der Gastgeberin und nimmt die Serviette erst nach ihr; spätestens jedoch in dem Moment, wo das Essen serviert wird, legen Sie sich das Tuch auf den Schoß – auch dann, falls die Gastgeberin sich ihre Serviette noch immer nicht auf den Schoß gelegt haben sollte.

Dafür haben Sie mehrere Möglichkeiten, von denen ich Ihnen zwei vorstellen möchte. Meine Empfehlung ist diese: Falten Sie die Stoffserviette in der Hälfte zu einem Rechteck und legen Sie sie so auf Ihren Schoß, dass die Öffnung zu Ihnen zeigt. So können Sie die Innenseite der oberen Hälfte zum Abtupfen der Lippen benutzen – bitte tun Sie das auch vor jedem Schluck, den Sie trinken. Und legen Sie sie wieder genauso auf Ihren Schoß zurück. Der Vorteil bei dieser Version ist der, dass die Serviette von außen sauber aussieht, da die Flecken sich ja auf der Innenseite befinden.

Eine zweite Möglichkeit ist diese: Die Stoffserviette wird auf Zweidrittelgröße gefaltet und so auf den Schoß gelegt, dass die Öffnung von Ihnen weg zeigt und die größere Lage oben liegt. Benutzt wird dann die obere Seite der gefalteten Serviette. Diese Methode hat den Vorteil, dass die Serviette nicht so leicht vom Schoß rutscht, aber gleichzeitig den Nachteil, dass die Flecken außen sichtbar sind. Der richtige Platz, um die Serviette sowohl zwischen den Gängen, während des Menüs, wenn der Tisch kurz verlassen wird als auch nach dem Menü abzulegen, ist links neben dem Gedeck. Allerdings ist es unhöflich, die Serviette nach dem Essen dort hinzulegen, bevor dies die Gastgeberin getan hat.

Legen Sie bitte die Serviette immer nur locker zusammen und nicht ganz korrekt auf Bügelfalte. Da in Privathaushalten die Stoffserviette von den Familienangehörigen nicht nur einmal benutzt, sondern – auf Bügelfalte zusammengelegt – für die nächste Mahlzeit liegen bleibt, würde eine penibel gefaltete Serviette symbolisieren: *Ich bleibe noch bis zum nächsten Essen.*

Papierservietten werden in gleicher Weise benutzt wie Stoffservietten. Zwar ist es etwas schwieriger, die Papierserviette auf dem Schoß zu belassen, doch sie gehört dort hin. Nach dem Essen wird sie links neben das Gedeck gelegt und läuft doch Gefahr, von den Restaurantmitarbeitern auf den Teller geworfen zu werden. Doch das ist dann nicht mehr Ihr Problem, wie sie da wieder herausgeholt wird, falls das Restaurant den Müll trennen muss. Zu einem festlich gedeckten Tisch gehört allerdings sowieso immer eine Stoffserviette.

Nur der Vollständigkeit halber muss noch erwähnt werden, dass Servietten keinesfalls zum Schutz der Kleidung vor Spritzern oder Kleckern in den Kragenausschnitt gestopft werden dürfen oder dass es erlaubt wäre, sich damit die Stirn zu wischen oder überhaupt irgendetwas anderes daran abzutupfen als die Lippen. Dass vielleicht ein Spritzer der Bouillon auf die Krawatte kommt, sollte riskiert und, falls es passiert, tapfer und mit einem Lächeln hingenommen werden.

Erst im 14. Jahrhundert begann man, es als einen kulturellen Fortschritt anzusehen, sich selbst und den Gästen ein persönliches Mundtuch zukommen zu lassen. Vorher genügte den Griechen und Römern das Tischtuch oder der eigene Ärmel.

Besteckspraсhe von Messer und Gabel verstehen

Wie sieht die Bestecksprache für Messer und Gabel korrekt aus?

Ja, es gibt eine sogenannte Besteckspraсhe, die Gästen, Gastgeber und Service die Möglichkeit bietet, bei Tisch Anweisungen, Hinweise und Wünsche nonverbal zu kommunizieren. Nach der Grundregel, dass das Besteck ab dem Moment, da es von der Tischdecke aufgehoben wurde, nicht mehr mit dem Tisch in Kontakt kommen soll – auch nicht, indem es am Tellerrand angelehnt wird –, wird die Besteckspraсhe grundsätzlich nur auf dem Teller gesprochen.

Möchten Sie beispielsweise während eines Ganges, den Sie mit Messer und Gabel gegessen haben, eine Essenspause einlegen, um etwas zu trinken, dann werden Sie das Besteck in der *Ich mache eine Pause*-Position ablegen: Dann legen Sie das Besteck rechts und links auf dem Teller ab. Rechtshänder legen die Gabel links, mit den Zinken nach oben, und das Messer rechts auf dem Teller, mit der Schneide zur Tellermitte zeigend, ab. Für Linkshänder ist die Besteckablage entsprechend andersherum. Die Besteckgriffe ragen über den Tellerrand hinaus. Die Spitzen von Messer und Gabel dürfen sich in der *Ich mache eine Pause*-Position berühren oder kreuzen.

Die *Ich mache eine Pause*-Positon

Legen Sie das Besteck so ab, dass es weder im Essen steckt noch unter dem Essen begraben ist. Wichtig ist, dass es ästhetisch aussieht, was – zugegeben – auf gut gefüllten Tellern gar nicht so einfach machbar ist ... Würde das Besteck von außen an den Tellerrand angelehnt werden, würde das den Tellerrand verschmutzen. Das sieht erstens nicht schön aus und ist zweitens für den Servicemitarbeiter beim Ausheben des Tellers nicht angenehm. Außerdem könnte das Besteck vom Tellerrand auf die Tischdecke rutschen, was dann meist auch nicht schön ausschaut. Den benutzten, jedoch gerade nicht benötigten Gourmetlöffel platzieren Sie vorübergehend oben quer auf den Tellerrand.

Die *Ich bin mit dem Gang fertig*-Positon

Sobald Sie mit dem Gang fertig sind, den Sie mit Messer und Gabel gegessen haben, legen Sie Ihr Besteck in die *Ich bin mit dem Gang fertig, Sie können abservieren*-Position: Sowohl Rechts- als auch Linkshänder legen dafür Messer und Gabel parallel auf der rechten Seite des Tellers ab, von rechts unten nach links oben zeigend. Wenn Sie sich den Teller als eine Uhr und das Besteck als Zeiger vorstellen, dann sollten sich Gabel und Messer ungefähr auf der Fünf befinden. Dabei liegt die Gabel, von der Sitzposition aus gesehen, dem Speisenden am nächsten, mit der Wölbung nach unten. Darüber wird das Messer positioniert, die Schneide zur Gabel zeigend. So kann das Servicepersonal den Teller samt Besteck leicht mit einer Hand greifen und ausheben – das ist gefahrlos für das Servicepersonal, aber vor allem auch ungefährlich für die Gäste. Ein eventuell gebrauchter Gourmetlöffel findet oberhalb des Messers seinen Platz.

Die *Ich bin mit dem Gang fertig*-Positon – mit Gourmetlöffel

Nur der Vollständigkeit halber: Es gibt noch Gerüchte darüber, dass man mit dem Besteck auch mitteilen könnte, dass es einem nicht geschmeckt hat. Das ist Unsinn! Sie würden mit einem solchen Versuch nur zeigen, dass Sie keine Ahnung haben. Sagen Sie dem Kellner sofort, wenn etwas nicht in Ordnung ist – freundlich natürlich.

Besteckspräche des Löffels verstehen

Wie spricht man die Bestecksprache mit dem Löffel auf dem Suppenteller?

Speisen, die nur mit dem Löffel gegessen werden: Möchten Sie beim Essen einer Speise, die nur mit dem Löffel gegessen wird, wie beispielsweise Suppe, Krabbencocktail oder Eis aus dem Eisbecher, eine Essenspause einlegen, gibt es für die *Ich mache eine Pause*-Position zwei Varianten – eine Variante für den Teller und eine Variante für Tassen, Gläser und Becher:

- Auf einem Teller wird der Löffel von Rechtshändern rechts – von rechts unten nach links oben zeigend – und von Linkshändern entsprechend links auf dem Teller abgelegt – egal, ob der (Suppen-)Teller mit oder ohne Unterteller serviert wurde.
- Suppentassen, Cocktailglas, Eisbecher o. Ä. werden (stilvoll) immer mit einem Unterteller serviert; dann soll der Löffel ebenfalls während einer Essenspause in oben genannter Form auf dem Unterteller abgelegt werden. So kann er nicht aus dem hohen Gefäß auf den Tisch fallen.

Sind Sie mit dem Gang fertig und möchten nicht mehr weiteressen, dann legen Sie den Löffel in die *Ich bin mit dem Gang fertig, Sie können abservieren*-Po-

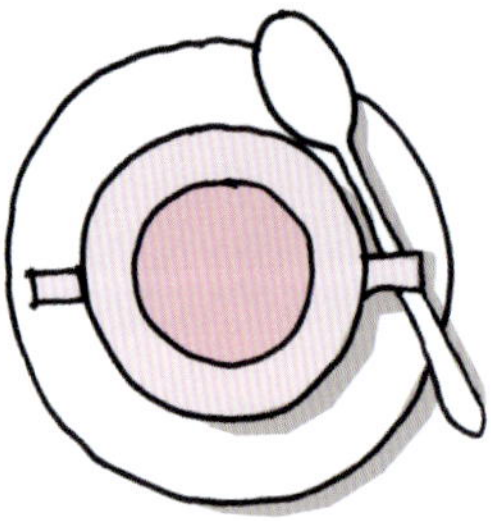

Die *Ich mache eine Pause*-Position als auch die *Ich bin mit dem Gang fertig*-Position

sition – egal, ob die Speise vom Teller oder aus Tasse, Glas oder Becher gegessen wurde: Rechts- und Linkshänder legen den Löffel auf der rechten Seite des Untertellers – von rechts unten nach links oben zeigend – ab. Wenn Sie sich den Teller als eine Uhr und das Besteck als Zeiger vorstellen, dann sollte es sich ungefähr auf der Fünf befinden. So kann das Servicepersonal problemlos den Unterteller und das daraufstehende Gefäß samt Löffel mit einer Hand ausheben.

Speisen, die mit Löffel und Gabel gegessen werden: Bei Speisen, die mit Gabel und Löffel gegessen werden (können) – Dessertvariationen beispielsweise –, werden Löffel und Gabel, so wie sie gerade gehalten werden, rechts und links auf dem Teller abgelegt. Die Besteckspitzen dürfen sich berühren oder kreuzen. Wollen Sie nur mit einem Besteckteil weiteressen, soll das benutzte, aber nicht mehr benötigte Besteckteil oben quer auf dem Tellerrand geparkt werden. Der Besteckgriff ragt dabei jeweils über den Tellerrand hinaus.

Die *Ich mache eine Pause*-Position

Sind Sie mit dem Gang fertig und möchten dies mit dem Besteck signalisieren, so legen Sie Gabel und Löffel in die *Ich bin mit dem Gang fertig, Sie können abservieren*-Position. Löffel und Gabel werden parallel auf der rechten Seite des Tellers – von rechts unten nach links oben zeigend – ungefähr in der Fünf-Uhr-Position abgelegt. Dabei liegt die Gabel dem Speisenden am nächsten, mit der Wölbung nach unten. Darüber wird der Löffel abgelegt.

Egal, ob Messer und Gabel, Gabel mit oder ohne Löffel oder nur Löffel: Die aufmerksamen Gastgeber – traditionell ist das die Aufgabe der Gastgeberin – bringen ihr Besteck gemeinsam mit dem langsamsten Esser in diese Position, womit dem Service signalisiert wird, dass mit dem Abräumen begonnen werden kann. Schön ist es immer, wenn sich alle dessen bewusst sind, dass es beim gemeinsamen Essen hauptsächlich um Gemeinsamkeit geht und sich daher die Tischgemeinschaft auf ein Esstempo einigt – nonverbal natürlich.

Die *Ich bin mit dem Gang fertig*-Position

PS: Für den Kaffeelöffel gibt es nur eine Ablagemöglichkeit: auf dem Unterteller!

Messer – Gabel – Löffel

Wie werden die einzelnen Besteckteile heute richtig benutzt, und wie isst man Spaghetti korrekt?

Das Grundprinzip für den Gebrauch des Bestecks ist ganz einfach: Die *Von-außen-nach-innen*-Regel stimmt immer. Da traditionell das Gedeck nur nach den Bedürfnissen von Rechtshändern angeordnet ist, finden Sie auf der rechten Seite Ihres Gedecks maximal vier Besteckteile und auf der linken Seite maximal drei Besteckteile. Oberhalb des Gedecks kann außerdem das Dessertbesteck eingedeckt worden sein.Bei einem Menü mit sechs oder mehr Gängen werden dann zu einzelnen Speisen die entsprechenden Besteckteile nachgelegt. Allerdings ist es heute in den meisten Häusern üblich, nicht für mehr als zwei Gänge auf einmal das Besteck einzudecken, so dass Sie leicht die Übersicht behalten.

Speisen, die nur mit dem Löffel gegessen werden: Der Löffel wird in einer aufrechten Sitzhaltung zum Mund gebracht. Dabei wird der Löffel mit der Spitze von vorn in den Mund geführt. Nur in Großbritannien und der früheren Commonwealth-Staatengemeinschaft ist das anders. Da darf der rundere Löffel nicht im Mund verschwinden und wird auch nur seitlich an den Mund geführt.

Suppenteller sollen nicht gekippt werden, Suppentassen dürfen ein wenig gekippt werden und die ganz kleinen Suppentassen dürfen sogar ausgetrunken werden.

Zu Kaffee, Tee und Kakao wird der Löffel nur zum Umrühren gereicht, daher wird er noch nicht einmal in die Nähe des Mundes bewegt.

Speisen, die mit Messer und Gabel gegessen werden: Rechtshänder halten die Gabel in der linken und das Messer in der rechten Hand. Sie benutzen das Messer lediglich zum Schneiden und allenfalls zum Gegen-die-Gabel-Halten, um Speisen leichter auf die Gabel befördern zu können.

Die Gabel wird nach der ganz feinen, traditionellen Art mit den Zinken nach oben benutzt und nur zum Abschneiden gedreht – ohne die Gabel in der Hand umzugreifen. Um den abgeschnittenen Bissen in den Mund zu bringen, wird die Hand mit der Gabel wieder zurückgedreht und die Gabel, mit den Zinken nach oben zeigend, von vorn in den Mund gebracht. Das ist hierzulande immer noch die elegantere Version – auch wenn es heute kein schlimmer Fauxpas mehr ist, die Gabel wie die Angelsachsen nicht zurückzudrehen. Von ihnen wird die Gabel ausschließlich mit den Zinken nach unten zeigend benutzt, nicht aber so eingedeckt oder am Ende des Essens so abgelegt. Während die Angelsachsen die Ansicht vertreten, die Gabel sei als ein Spieß anzusehen, wird hierzulande und traditionell in der abendländischen Kultur die Gabel als eine Schaufel interpretiert.

Traditionell decken die Franzosen die Gabel noch heute zwar mit den Zinken nach unten zeigend ein und legen sie auch so ab, benutzen die Gabel so aber nicht.

Speisen, die mit Gabel und Löffel gegessen werden: Dessert kann mit dem Löffel oder mit der Gabel oder mit Löffel und Gabel gegessen werden. Es ist egal oder von der Speise bestimmt, in welcher Hand welches Besteckteil gehalten werden soll, doch es ist zu entscheiden, welche Hand das Besteck zum Mund führt. Wer beispielsweise rechts die Gabel hält und links den Löffel, soll nicht mal vom Löffel und mal von der Gabel essen.

Speisen, die nur mit der Gabel gegessen werden (sollen): Risotto, Knödel sowie Rühreier sollten nur mit der Gabel in Kontakt kommen, dürfen als Beilage aber dennoch gegessen werden, während das Messer in der anderen Hand gehalten wird.

Beim Spaghettiessen ist die Etikette-Fachwelt sich nicht einig. Da sind die einen der Meinung, dass die Spaghetti ausschließlich mit der Gabel zu essen sind, so wie es die Italiener machen. Das geht allerdings nur von einem dafür vorgesehenen großen, tiefen Teller, wobei mit der Gabel lediglich 2-3 Spaghetti aufgenommen und so lange flink gedreht werden, bis sie vollkommen aufgewickelt sind und kein Zentimeter Pasta mehr von der Gabel herunterhängt. Die andere Empfehlung ist, diese Technik zwar im Privaten zu üben, sie aber, bis sie zur Perfektion trainiert wurde, in der Öffentlichkeit den Italienern zu überlassen. In Gesellschaft darf – finde ich – von Nichtitalienern der Löffel zu Hilfe genommen werden. Wenige Spaghetti werden mit der Gabel aufgenommen und auf dem Boden des Löffels um die Gabel gewickelt, bis ebenfalls kein Zentimeter mehr herabhängt. Das sieht bei Ungeübten immer ästhetischer aus als öffentliches Ohne-Löffel-Training. Bei beiden Versionen wird jedoch darauf bestanden, dass keinesfalls ein Messer auch nur in die Nähe von Spaghetti kommen darf.

Fehler über Fehler

Worauf muss man noch bei der Benutzung von Besteck achten?

Weil es so wichtig ist, zur Wiederholung: Die Haltung ist entscheidend, und wichtig ist ein für alle Sinne ästhetisches Essverhalten. Darüber hinaus haben sich darauf aufbauend eine Menge Regeln durchgesetzt, die zum Teil logisch, zum Teil praktisch und zum großen Teil auch historisch bedingt sind. Ein Großteil der Etiketteregeln sind allerdings obendrein auch einfach Codes, die anzeigen, welche Erziehung der Einzelne genossen hat oder wie es um seine persönliche Kultur steht.

Das ist die Art, wie man das Besteck anfasst: Messer, Gabel und Löffel sollen hauptsächlich zwischen Daumen, Mittel- und Zeigefinger gehalten werden, die Zeigefinger nicht allzu tief auf den Besteckteilen liegend. Die Zeigefinger sollen sich nicht in der Nähe der Gabelwölbung oder am Anfang der Messerklinge befinden. Besser ist es, die Besteckteile im oberen Drittel anzufassen und sie dabei nicht zu fest – etwa mit der ganzen Hand – zu halten. Alle Besteckteile – auch Sonderbestecke – sollen jedoch auch nicht zu zart, als wären es Stifte, gegriffen werden.

Was mit Bestecken nicht gemacht wird: Schaben, Kratzen oder Klappern ist mit dem Besteck generell zu unterlassen. Insbesondere das Zusammenkratzen von Speisen mit dem Messer ist sogar ein Doppelfehler, weil mit dem Messer überhaupt nichts geschoben werden soll und weil Geräusche beim Essen völlig tabu sind. Häufig kann der Fehler beobachtet werden, dass die Messerklinge vom Ansatz bis zur Spitze an einem abgeschnittenen Fleischstück oder an der Gabel entlanggestreift wird – oft sogar auch noch an beiden Seiten. Das Messer wird bei Tisch nirgendwo abgestreift oder sauber geputzt.

Gut möglich, dass viele Menschen es gar nicht bemerken, wie oft und wie viel sie mit dem Besteck gestikulierend sprechen: manchmal fast unmerklich und nur wenig hantierend, manchmal sieht das aber beinahe gefährlich aus. Wer nicht ohne Hände reden kann, sollte das Besteck aus der Hand legen. Es ist nämlich, ganz egal, in welchem Ausmaß mit dem Besteck in der Luft herumgefuchtelt wird, immer unfein. Es ist so oder so unschön.

Eigentlich nur der Vollständigkeit halber muss gesagt werden, dass es eine ganz schlimme Unsitte ist, irgendeinen Bissen vom Messer zum Mund zu führen oder das Messer abzulecken.

Was unhöflich ist: So schwerwiegend, ein echter Code für mangelnde Manieren und dennoch so häufig zu beobachten ist der Fehler, Messer und Gabel bei einer Unterbrechung des Essens rechts und links mit den Griffen auf dem Tisch abgesetzt schräg an den Tellerrand zu lehnen. Die traditionelle Etiketteregel sagt, dass einmal vom Tisch aufgenommene Besteckteile nicht wieder mit dem Tischtuch in Berührung kommen sollen. Während einer Essenspause werden die Gabel und das Messer vielmehr in der *Ich mache eine Pause*-Position auf dem Teller abgelegt. Somit kann das Besteck nicht auf das Tischtuch fallen, der Restaurantmitarbeiter weiß, dass der Gast noch weiteressen möchte und – ganz wichtig – dem Restaurantmitarbeiter wird nicht der vom Essen beschmierte Tellerrand zum Abservieren zugemutet.

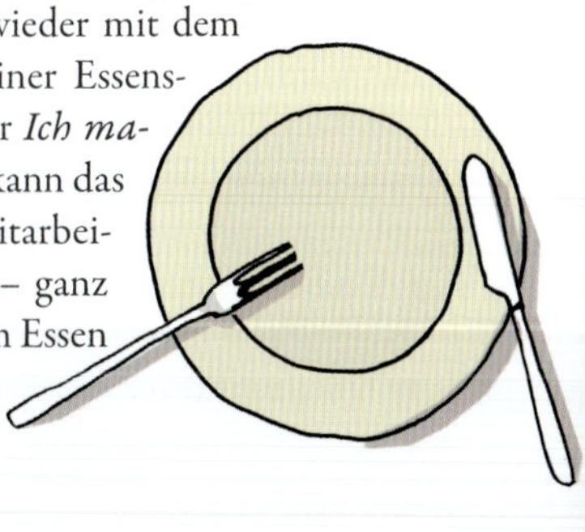

Buffet-Benimm

Am Buffet ist doch alles viel einfacher, da muss man nicht so viele Regeln beachten – oder?

Für die geltenden Etiketteregeln macht es keinen Unterschied, ob man sich am Frühstücksbuffet einer Pension oder dem eines Luxushotels, ob man sich am einfachen Buffet beim Vereinsfest oder am Dinner-Buffet bedient – mit einer Ausnahme. Der bezeichnendste und gleichzeitig häufigste Fehler ist der, dass Gäste mit ihrem bereits benutzten Teller erneut zum Buffet gehen und obendrein ihr benutztes Besteck mit sich herumtragen oder es für die Weile auf den Tisch, auf die Serviette oder sonst irgendwohin legen, wo es rein gar nichts zu suchen hat. Bei jedem Gang zum Buffet nimmt man sich einen neuen Teller und neues Besteck, gegebenenfalls auch eine neue Papierserviette. Teller und Besteck werden am Buffet nur einmal benutzt – mit einer Ausnahme. Denn in Privathaushalten kann und sollten Teller und Besteck noch einmal benutzt werden, falls sie andernfalls nicht in ausreichender Anzahl vorrätig sind. In dem Fall werden die Gastgeber darum bitten, dass jeder Gast seinen Teller und sein Besteck im Auge behält, um es erneut benutzen zu können.

Leider glauben viele, dass man am Buffet nicht viel falsch machen könnte, doch das ist ein großer Trugschluss. Ganz im Gegenteil! Und die Gefahr ist dann riesengroß, dass ein stilvoll gedachtes abendliches Dinner-Buffet zum Missgriff wird, wenn die Gäste ihre gute Kinderstube vergessen oder glauben, *erlaubt ist, was gefällt*. Disziplin ist hier in concreto die Regel Nummer 1.

Ein offizielles Buffet muss immer eröffnet werden. Meist wird der Gastgeber am Ende seiner Begrüßungsrede das Buffet eröffnen und (hoffentlich) dafür sorgen, dass seine Ehrengäste als Erste zum Buffet gehen können. Die Gastgeber selbst essen erst dann, wenn die meisten Gäste sich vom Buffet bereits bedient haben. Gehen Sie also nicht vor den Ehrengästen zum Buffet.

Wenn das Buffet als Ersatz für ein gesetztes Essen angeboten wird, soll es mindestens aus drei Folgen bestehen: Vorspeisen, Hauptgericht(e) und Desserts. Das bedeutet, dass der stilvolle Gast sich nur in dieser Reihenfolge vom Buffet bedienen wird. Es ist möglich, einzelne Gänge auszulassen, jedoch nicht richtig, gleich mit dem Dessert anzufangen, mehr als eine Suppe zu nehmen, drei Desserts zu essen oder nach dem Hauptgang noch mal eine Vorspeise zu nehmen. Außerdem soll auf eine harmonische Menüfolge geachtet werden, so dass die Gänge weitestgehend zueinander passen. Am Buffet ist das Vordrängeln eine fürchterliche Peinlichkeit, die dazu noch oft gesehen wird. Auch dann, wenn der Vordermann sich nicht entscheiden kann und vor ihm ein Lücke ist: Man geht nicht vor – auch dann nicht, wenn es die anderen tun!

Mindestens genauso peinlich wird es, wenn sich einer den Teller vollhäuft oder auch alles durcheinander auf den Teller lädt. Ob das noch damit überboten werden kann, dass manch einer etwas wieder aufs Buffet zurücklegt oder ein anderer sich die vermeintlich besten Stücke von unten oder hinten hervorzerrt? Das machen wirklich manche! Es ist auch nicht richtig, sich die Dekoration vom Buffet zu nehmen, da sie auch zur Freude der anderen Gäste gedacht ist. Das Vorlegebesteck soll nicht in den Speisen liegen gelassen, sondern zurück auf den dafür vorgesehenen Teller gelegt werden. Brot darf zum Abschneiden nur mit der darumliegenden Serviette angefasst werden, Brötchen werden mit der Zange gegriffen.

Darüber hinaus soll nicht bereits am Buffet oder auf dem Weg zum Tisch gegessen werden – wobei solch unbeherrschtes und unkultiviertes Verhalten nicht nur auf die Erziehung schließen lässt, sondern sogar tiefe Einblicke in den Charakter der Person gewährt. Es soll grundsätzlich nur am Tisch, der auch ein Stehtisch sein kann, gegessen werden – nicht mit dem Teller in der Hand frei stehend.

Man muss zwar nicht mit der Tischgemeinschaft in einem Takt essen, doch zumindest mit seinem Tischnachbarn sollte man sich auf einen Essrhythmus einigen und gemeinsam zum Buffet gehen. Bei einem offiziellen Dinner-Buffet soll der Tischherr immer mit seiner Tischdame gemeinsam ans Buffet gehen.

Um zu vermeiden, dass der benutzte Teller mit dem Besteck noch auf dem Tisch steht, wenn Sie vom Gang ans Buffet zurückkehren, sollten Sie immer erst erneut ans Buffet gehen, nachdem Teller und Besteck vom vorherigen Gang abserviert wurden.

Bestellen, essen und kommunizieren – immer gemeinsam

Darf man an einer festlichen Tafel aufstehen, während andere noch essen?

Ganz früher war es ein Zeichen von besonders hohem Rang und von Würde, wenn einer das Privileg hatte, allein zu essen. Auch besonders hoch geschätzte Gäste bekamen ihr opulentes und luxuriöses Mahl separat angerichtet. Ungestört und unbeobachtet aßen sie allein und hinter verschlossenen Türen – in asiatischen, arabischen und afrikanischen Ländern. In Europa bevorzugten es die Herrscher, allein, aber unter Zuschauern in der Öffentlichkeit zu essen. Der vornehme französische König Ludwig XIV. perfektionierte diese Sitte, indem er den Zuschauern nach ihrem Rang die Erlaubnis erteilte, ihm beim Essen zuzuschauen. Dass dies zu Neid und Missgunst führte, ist nachvollziehbar.

Das ist alles lange her, doch dass in Gemeinschaft gegessen wird – mit Männern, Frauen und Kindern – kennt man noch nicht so lange. Davor war es über die Zeiten und über die Länder hinweg eher üblich, dass beim alltäglichen Essen die Männer allein und die Frauen zusammen mit den Kindern – nach den Männern oder von ihnen getrennt – aßen.

Ob nur unter den Männern oder ob in manchen Ländern, zu manchen Zeiten, bei gewissen Gelegenheiten ausnahmsweise auch die Frauen dabei waren: Es gab Regeln dafür, wer wie viel wann wovon bekommt. Heute ist Gemeinsamkeit die oberste Regel – für alle, die dazugehören, und insbesondere für alle an einem Tisch. Bereits bei der Bestellung sollte sich die Tischgemeinschaft auf eine bestimmte Anzahl von Gängen einigen, besser noch auf eine Menüfolge oder auf ein Menü, so dass garantiert jeder zur gleichen Zeit eine frisch zubereitete Speise zu jedem Gang bekommt. Aber auch, wenn das nicht so klappt, sollte niemand mit dem Essen beginnen (wollen), solange nicht jeder am Tisch seinen Teller bekommen hat. Gäste warten darüber hinaus mit dem Essensbeginn, bis die Gastgeberin oder die ranghöchste Person am Tisch das Zeichen dafür gibt. Auch der Wein wird erst dann getrunken, wenn alle Wein im Glas haben und der Gastgeber oder der Ranghöchste der Tischgemeinschaft das Glas erhebt.

Bei einem gesetzten Essen ist es immer schöner, wenn sich die Tischgemeinschaft nonverbal auf ein Esstempo einigt. Niemand darf den Tisch verlassen, solange noch Teller auf dem Tisch stehen. Zwischen den Gängen oder nach dem Menü darf man zwar den Tisch verlassen, aber niemals bevor nicht alle Teller vom Tisch abserviert wurden. Der geschulte Restaurantmitarbeiter wird jedoch erst mit dem Abservieren beginnen, wenn alle am Tisch ihr Besteck in die *Ich bin mit dem Gang fertig, Sie können abservieren*-Position gelegt haben. Dass jemand vom Tisch aufsteht, wenn andere noch essen, ist daher – außer im Notfall – völlig indiskutabel und gehört zu den allerschlimmsten Ungehörigkeiten bei Tisch.

Was nützt uns die Gemeinsamkeit, wenn sie nicht von interessanten und angenehmen Gesprächen begleitet wird? Die Unterhaltung bei Tisch spielt eine ausgesprochen große Rolle. Wer könnte das in Kürze besser ausdrücken als Freiherr von Knigge in seinem Kapitel über das Verhältnis zwischen Wirt und Gast? «Vieles trägt hierzu die Unterhaltung bei. Man muß daher die Kunst verstehn, mit seinen Gästen nur von solchen Dingen zu reden, die sie gern hören, in einem größeren Zirkel solche Gespräche zu führen, woran alle mit Vergnügen teilnehmen und sich dabei in vorteilhaftem Lichte zeigen können. Der Blöde muß ermuntert, der Traurige aufgeheitert werden. Jeder Gast muß

Gelegenheit bekommen, von etwas zu reden, wovon er gern redet. Weltklugheit und Menschenkenntnis müssen hier in den besondern Fällen zum Leitfaden dienen.»

Alle Gäste sollen sich in die Tischgemeinschaft einbringen und an der Kommunikation beteiligen, jeder trägt seinen Teil dazu bei, dass das Gemeinsamessen ein gemeinschaftliches Erlebnis wird – vielleicht auch, indem die gemeinsame Rechnung durch die Anzahl der Esser geteilt wird. Dann aber bitte stilvoll und ohne größeres Aufsehen darum zu machen, was – wenn überhaupt – fast nur in Deutschland relativ unproblematisch ist.

Zwischen den Gängen herrscht Rauchverbot

Kann man eigentlich während eines langen Essens zwischen den Gängen rauchen?

Oh nein, das dürfen Sie nicht – gar nicht. Allein bei der Frage wären unsere Vorfahren vor Empörung erstarrt.

Im 19. Jahrhundert durfte in der Gesellschaft von Damen überhaupt nicht geraucht werden, und Männer mussten sich vor dem Gang ins Raucherzimmer sogar komplett umziehen. Und es ist auch noch gar nicht so lange her, dass das Rauchen nach dem Essen zum gemütlichen Teil des Abends gehörte, aber während des Essens? Niemals.

Und heute? Bekanntlich gibt es seit dem 1. Januar 2008 in Deutschland das Gesetz zum Schutz vor den Gefahren des Passivrauchens. Doch es wäre gewiss übereilt, bereits gänzlich auf ein paar Tipps, wie sich Raucher beim Essen verhalten sollten, zu verzichten.

Die letzte stilgerechte Chance, während eines Essens zu rauchen, hat man beim Aperitif. Allerdings nur dann, wenn dieser im Freien oder in einem separaten Raum eingenommen wird und wenn dort Aschenbecher bereitstehen. Ansons-ten soll während des gesamten Essens – egal, ob privat zu Hause oder anderswo – nicht geraucht werden, weder in einer schicken Smoker Lounge noch auf dem Gehsteig.

Erst nach dem Dessert darf dort, wo es erlaubt ist, wieder geraucht werden. Natürlich nicht, ohne um Erlaubnis zu fragen. Falls Sie eingeladen sind, fragen Sie bitte die Gastgeber und anschließend – wenn möglich – alle Gäste. Und selbst wenn Sie allein essen gehen und im Gartenlokal zum Kaffee rauchen wollen, wird heute gemeinhin erwartet, dass Sie sich an den Nachbartischen freundlich vergewissern, niemanden mit Rauch zu belästigen. Wer jedoch bei der Frage bereits die Zigarettenschachtel in der Hand hält, kann sich das Fragen eigentlich sparen, denn dann ist sein Verhalten so oder so unhöflich.

Langer Rede kurzer Sinn, wenn Sie auch nur zu überlegen beginnen, ob denn das Rauchen nun in einer bestimmten Situation akzeptabel ist oder nicht, sollten Sie es heute besser gleich lassen. Damit machen Sie jedenfalls nichts falsch.

Und obwohl höfliche Raucher freilich gar nichts verkehrt machen könnten, da sie sowieso alles vermeiden, was andere stören könnte, hier eine kleine Raucher-Etikette: Sie sollten nie einen fremden Raum mit brennender Zigarette betreten. Selbstverständlich dämpfen Sie die Zigarette aus, wenn Sie jemanden begrüßen, und erst recht, wenn Sie sich mit jemandem bekannt machen wollen oder bevor Sie eine Frau zum Tanzen auffordern. Wohlgemerkt, ausdämpfen und nicht nur in den Aschenbecher ablegen. Auch das Halten einer Zigarette bei gleichzeitigem Halten eines Glases sieht unmöglich aus.

Tabu ist das Rauchen in Kirchen, Museen, Krankenhäusern, Kinderzimmern und generell in Rauchverbotszonen. Auch im Fahrstuhl oder in anderen sehr engen Räumen haben Raucher besondere Rücksicht zu nehmen. Und noch etwas: Die Asche kommt nur in den Aschenbecher, und in den Aschenbecher kommen nur die Asche und die Zigarette. Kein Papier, kein Kirschkern, kein Kaugummi – gar nichts anderes. In Verbindung mit Glut könnten sich unangenehme Gerüche bilden oder es könnte sogar brennen; außerdem ist der Aschenbecher kein Abfalleimer.

Zum Zigarettenanbieten und Feuergeben muss unbedingt die alte Literatur zu Wort kommen, weil es so schön altmodisch klingt und gleichwohl nach wie vor gilt: «Das Anbieten von Zigaretten erfolgt nur aus dem Etui oder einer sauberen, ordentlichen Packung. Im Privathaus sollte man Zigaretten aus einem Silber-, Holz- oder Porzellankästchen oder aus einem Becher anbieten. Kein jüngerer Herr wird einem älteren seine eigenen Zigaretten offerieren, es sei denn, der ältere wäre ein Verwandter oder sonst mit ihm gut bekannt.»

«Herren reichen Damen stets Feuer, sobald sie sehen, dass diese zur Zigarette greifen. Bei dieser höflichen Aufmerksamkeit kann der gut erzogene Herr getrost aufstehen, sobald es die Platzverhältnisse erlauben. [...] Ein gereichtes brennendes Streichholz wird sich der Reichende von einer Dame niemals und von einem Herrn nur dann abnehmen lassen, wenn dieser sich eine Zigarre entzünden will. Es empfiehlt sich jedoch, passionierten Zigarrenrauchern lieber die Streichholzschachtel mit einem darauf liegenden Zündholz zu reichen.»

PS: Das Pfeiferauchen verträgt sich übrigens nicht mit einer größeren Gesellschaft.

Fischmesser und Gourmetlöffel

Wie und wann werden Fischbesteck und Gourmetlöffel benutzt?

Ein perfekt gekochter Fisch zerfällt im Grätenabstand fast von allein in dünne Scheiben. Da würde eine scharfe Schneide die abzuhebende Haut und die von der Hauptgräte zu lösenden Filets nur zerstören. Und das wäre doch sehr schade.

Fischmesser haben im Gegensatz zu Fleischmessern eine breitere (stumpfe) Schneide zum Heben und Teilen, wobei die Form ansonsten dem Fleischmesser nachempfunden ist. Fischgabeln sind gleichermaßen eher zum Heben als zum Spießen gedacht und weisen daher etwas kürzere Zinken auf als gewöhnliche Gabeln. Gekochte und gebratene Fische werden üblicherweise mit Fischmesser und -gabel serviert. Marinierte Fische und Räucherfische wie Rollmöpse, Matjeshering und Räucheraal, Räucherlachs oder Räuchermakrele werden nicht mit dem Fischbesteck, sondern mit Fleischmesser und -gabel serviert und gegessen.

Weil der Fischgang an sich schon Luxus ist, sind auch Fischbestecke oft besonders aufwendig verziert und werden sogar eigens für Linkshänder graviert angeboten.

Restaurants sollten ja genügend Fischbestecke besitzen, wenn in ihrem Hause Fischgerichte angeboten werden. Wer dagegen zu Hause (noch) nicht ausreichend Fischbesteck zur Verfügung hat, sollte zum Fisch eine zweite Gabel nehmen. Das ist allemal geeigneter als ein Messer mit einer scharfen Schneide, meinen die einen. Andere sind der Meinung, man könne auch einfach ein Fleischmesser nehmen. Entscheiden Sie selbst, immerhin ist das eine eher nebensächliche Streitfrage unter Fischessern und darüber hinaus Geschmackssache. In gehobenen Restaurants wird jedenfalls auf den Fischmesser-Luxus Wert gelegt und sogar zusätzlich zum Fleischbesteck oder als Ersatz für das Fischmesser oder auch als Dessertlöffel der Gourmetlöffel eingedeckt.

Genau genommen, ist der heutige Gourmetlöffel ja eine Wiederentdeckung des ursprünglichen Probierlöffels aus der Küche. Der Koch konnte über die kleine Einkerbung an der rechten Seite der leicht gehöhlten Laffe das Fett der Sauce abgießen und so den reinen Fond probieren. Nun ist der Probierlöffel zum Gourmetlöffel avanciert. Der Gourmetlöffel wird gern als Zusatzbesteck eingedeckt und ist dann besonders für alle, die ungern die Sauce auf dem Teller lassen, eine Freude, da sie nun die Sauce über seine zierliche Einkerbung ausgezeichnet aufnehmen können.

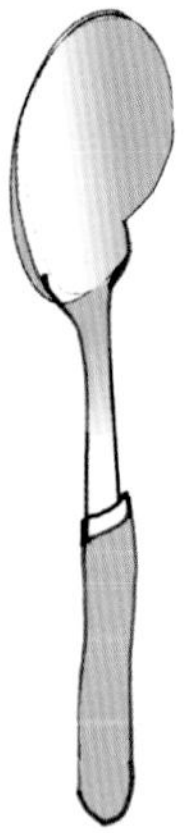

Zwischen Gourmetlöffel und Messer kann dann nach Belieben gewechselt werden. Das gerade nicht benötigte Besteckteil – Messer oder Gourmetlöffel – wird auf dem oberen Drittel des Tellers mit der Spitze zur Tellermitte zeigend auf ungefähr Ein-Uhr-Position zwischengeparkt. Für die *Ich bin mit dem Gang fertig, Sie können abservieren*-Position wird das Besteck parallel auf der rechten Seite des Tellers – ungefähr auf Fünf-Uhr-Position – abgelegt. Dabei liegt die Gabel mit den Zinken nach oben und das Messer, mit der Schneide zur Gabel, darüber. Der zusätzlich benutzte Gourmetlöffel wird oberhalb des Messers abgelegt.

Wird der Gourmetlöffel zwar mit einer Gabel, aber jedoch ohne Fischmesser zum Fischgericht eingedeckt, dann fungiert er als Fischmesser und wird auch zum Zerteilen von Fisch benutzt, wobei in der abschließenden *Sie können abservieren*-Position dann alles bis auf das Vorhandensein des Messers genauso aussieht wie oben beschrieben.

PS: Übrigens will Fisch dreimal schwimmen: im Wasser, im würzigen Sud und dann im passenden Wein ...

Brot ganztags stilvoll essen

Wie wird Baguette, Ciabatta und Toast richtig gegessen?

Dass Jesus beim Abendmahl das Brot gebrochen hat – als Symbol für das Teilen – ist wahrscheinlich der Hintergrund dafür, dass es heute nur dann als stilvoll betrachtet wird, wenn Brot auf diese Art gegessen wird.

Zu unterscheiden ist dabei allerdings, zu welcher Mahlzeit Brot gegessen wird. Zum Abendessen und zum Mittagessen wird Brot oft als Beigabe gereicht. Dann soll es Stück für Stück gebrochen werden. Dazu nimmt man sich aus dem gereichten Brotkorb eine Scheibe oder ein Stück Brot oder ein Brötchen, legt es auf den links neben dem Gedeck stehenden Brotteller – er wird in der Gastronomie auch Couvertteller genannt – und nimmt sich etwas von dem angebotenen Aufstrich ebenfalls auf den Brotteller. Dafür benutzt man entweder das Besteckteil, das extra dafür vorgesehen ist, und legt es dann wieder zum Aufstrichteller zurück oder man benutzt das eigene Buttermesser vom Brotteller. Nun bricht man sich ein mundgerechtes Stück Brot ab, bestreicht es mit ein wenig Aufstrich und bringt es so wie es ist in den Mund. Nicht bevor man es vollständig gekaut und heruntergeschluckt hat, darf man sich ein neues Bröckchen zurechtmachen oder auch pur essen. Sich dafür den Brotteller in die Mitte des Gedecks oder irgendwo anders hinzuholen oder ihn auch gar nicht zu benutzen und das Brot anderswo zu deponieren, ist tabu. In einfachen Restaurants und oft beim Italiener oder Franzosen ist kein extra Brotteller eingedeckt, dann bleibt es – auch ohne Belag – bei der Bröckchenmethode. Das Brot wird dann einfach auf das Tischtuch oder auf eine Extraserviette gelegt.

Es ist ein auffälliger und insbesondere in den Augen unserer südlichen Nachbarn eklatanter Fauxpas, sich die Scheibe Brot im Ganzen zu bestreichen und davon abzubeißen oder das Brötchen wie zum Frühstück zu essen.

Zum Frühstück ist es nämlich korrekt, Brötchen und Baguette in zwei Hälften zu schneiden, mit Marmelade, Wurst, Käse oder Ähnlichem zu bestreichen oder zu belegen und dann davon abzubeißen. Beim Durchschneiden soll das Brötchen unbedingt, mit einer Hand festgehalten, auf dem Teller liegen und nicht etwa hochgehalten werden. Wer zum Frühstück Brötchen zum Rührei isst, sollte das Rührei mit der Gabel essen, für das Brötchen einen Extrateller nehmen und es Bröckchen für Bröckchen in den Mund nehmen. Auch Schinken sollte zum Brötchen mit Messer und Gabel gegessen werden, während das Brötchen Stück für Stück vom Extrateller genommen wird. Zum Frühstück wird auch öfter eine Rosinenbrotscheibe gereicht; diese wird meist mit Süßem bestrichen und in der Hand gegessen. Dunkles Brot (Vollkorn- oder Mischbrot) wird allerdings zum Frühstück, zum Abend oder wann auch immer es gegessen wird auf dem Brett oder Teller mit Käse-, Wurst- oder Schinkenaufstrich belegt und mit Messer und Gabel gegessen. Weder Brötchen noch Brotscheiben sollten jemals am Tisch zusammengeklappt gegessen werden. Das ist in der Schulpause, auf Wanderungen und auf der Baustelle oder in anderer rustikaler Umgebung in Ordnung, sonst nicht.

In Deutschland wird Brot darüber hinaus nicht als Schieber, um Speisen auf die Gabel zu befördern, nicht zum In-die-Sauce-Tunken und auch nicht zum Teller-Abwischen benutzt. Brotstücke werden weder in die Suppe geworfen noch in den Kaffee oder den Kakao getunkt.

PS: Brot ist eines der ältesten zubereiteten Nahrungsmittel und hat allein deshalb unseren Respekt verdient.

Spargel essen

Wie wird heute eigentlich Spargel gegessen, und welcher Wein passt dazu?

Jedes Jahr freuen sich viele Menschen auf diese Köstlichkeit, besonders zusammen mit einem guten und passenden Wein. Welcher Wein nun besonders gut zum Spargel passt, hängt allerdings vor allem von der Art der Spargel-Zubereitung ab. Darüber hinaus bestimmt eine dazu gereichte Béchamelsauce oder Sauce Hollandaise den Geschmack anders als zum Beispiel eine ebenso gut zum Spargel passende Vinaigrette oder sogar braune Butter.

Nicht geeignet sind jedenfalls Rotweine, weil sie zu gerbstoffreich sind, und Weine, die sehr stark im Geschmack oder zu schwer sind. Auch Weine mit starker Säurebetonung sind weniger geeignet. Klassische Spargelweine sind Weiß- oder Roséweine. Für den weißen Bleichspargel eignen sich junge, harmonische Weißweine mit milder Säure und nicht zu aufdringlichen Fruchtaromen. Beispielsweise empfehlen sich von den deutschen Weißweinen der Qualitätsstufen Q.b.A. Kabinett oder auch Spätlesen bis zu 12 Vol.-% mit der Geschmacksrichtung trocken, bei Rieslingen lieber halbtrocken.

Für den grünen Spargel darf es etwas voluminöser sein, da grüner Spargel auch kraftvoller und gemüsiger im Geschmack ist. Ein ganz dezenter Holzausbau kann gut passen, eine milde Säure ist durchaus vorteilhaft, doch etwas Restsüße verleiht dem Wein mehr Körper und kann daher zu grünem Spargel genau das Richtige sein. Also eignen sich beispielsweise Riesling Spätlesen halbtrocken aus der Pfalz,

aus Rheinhessen oder aus dem Rheingau. Auch ein Mosel-Hochgewächs passt gut. Geeignete Rebsorten für Spargel sind Chardonnay, Grauburgunder, Gutedel, Müller-Thurgau (Rivaner), Riesling, Silvaner und Weißburgunder. Doch lassen Sie sich von einem Weinhändler individuell beraten und probieren Sie dann einfach verschiedene Varianten aus, bis Sie den für Sie richtigen Wein zum Spargel gefunden haben. Selbstverständlich ist Spargel auch ohne Wein allein mit Wasser ein Genuss.

Allerdings wird Spargel von den allermeisten Menschen überhaupt erst gern gegessen, seitdem sein Verzehr auch problemlos möglich ist. Vor der Erfindung des anlaufgeschützten Messers wurde eine Spargelstange mit den Fingern der rechten Hand aufgenommen, mit der in der anderen Hand gehaltenen Gabel abgestützt und mit der Spargelspitze vorneweg langsam in den Mund geschoben. Das meist holzige Ende wurde dann auf dem Tellerrand abgelegt. Diese alte Art, Spargel mit den Fingern zu essen, ist ja – glücklicherweise – nur noch sehr selten zu sehen und durch die neue sauberere Art ersetzt worden.

Übergangsweise wurde der Spargel noch mit der Gabel geknickt, doch auch das ist heute Vergangenheit. Sie dürfen den Spargel einfach mit dem Messer zerteilen und wie ein Stück Fleisch essen, und niemand wird Sie mehr dafür schief ansehen – eher ist es heute umgekehrt. Geblieben ist jedoch, dass Spargel von Fachleuten mit der Spitze nach links auf dem Teller angerichtet wird und dass er von den Spitzen aus gegessen werden sollte.

Eier mit und ohne Kopf

Wie werden Eier heute stilvoll gegessen?

Noch vor wenigen Jahrzehnten wurde gelehrt, dass man Eier nicht mit dem Messer schneiden darf. Diese Regel stammt aus einer Zeit, in der Messerklingen noch nicht anlaufgeschützt waren und in Verbindung mit bestimmten Säuren sofort hässlich blauschwarz anliefen. Das sah nicht nur unappetitlich aus, sondern beeinträchtigte auch den Geschmack von nachfolgenden Speisen. Eier und Eierspeisen wurden daher, wie auch Gemüse und Salat, nicht mit dem Messer in Berührung gebracht. Das ist aber überholt – dem Erfinder des Anlaufschutzes sei Dank.

Eier dürfen also heute mit einem Messerhieb geköpft werden. Der abgetrennte Eihut sollte dabei nicht über den Tisch kullern, und auch der Anblick des übrigen Dreiviertel-Eis sollte appetitlich und schön sein. Wem diese Methode jedoch zu grob erscheint, der bleibt bei der vorsichtigen Art: das gekochte Ei an der Spitze mit dem Eierlöffel leicht anklopfen und den oberen Teil mit dem Eierlöffel anheben. Einen oberen Teil der Schale abzupellen, ist genauso richtig.

Wie auch immer Sie nun Ihr Ei essen wollen – es bleibt bei der Empfehlung, dass ein weich gekochtes Ei mit seinem breiten Teil nach unten in den Eierbecher gestellt werden soll. Da sich im breiteren Teil, oft sogar direkt unter der Schale, das Eidotter befindet, reduziert sich auf diese Weise die Kleckergefahr deutlich.

Hart gekochte Eier sollten noch vor einigen Jahrzehnten nicht aus dem Eierbecher gegessen werden. Sie sollten in der Küche vollkommen abgepellt, der Länge nach durchgeschnitten und dann mit der Gabel gegessen werden.

Für andere Eierspeisen gilt: Nur für solche Speisen, die problemlos ohne Messer zu essen sind, wird die Gabel allein benutzt. Bei Spiegeleiern, die mit Schinken zusammen gebraten werden, ist es beispielsweise besser, das Messer zu Hilfe zu nehmen. Rühreier und Omelett, egal, ob süß oder würzig, werden dagegen – als Solist – allein mit der Gabel gegessen.

Auch Salate sollten früher, wie erwähnt, nicht mit dem Messer in Berührung gebracht werden. Und für viele Menschen ist das immer noch eine geltende Regel. Sie bemühen sich, große Salatblätter zu falten und auf diese Weise ohne einen Schnitt zum Mund zu führen. Da sich die Küche so manch eines Restaurants offenbar wenig Gedanken um solche Dinge macht und ihren Gästen riesengroße Salatblätter anbietet, die, mit größter Geschicklichkeit zusammengefaltet, manchmal doch noch kurz vor dem Mund aufspringen, sollte man bereits bei der Bestellung darum bitten, den Salat kleingeschnitten zu servieren. Natürlich muss man in einem Gourmetrestaurant und in besseren Häusern nicht extra darauf aufmerksam machen, da achtet man glücklicherweise auf so etwas.

Sushi essen

Wie wird Sushi stilvoll gegessen?

Sushi war in Edo, dem heutigen Tokio, bereits im 17. Jahrhundert als Schnellimbiss bekannt. In einfachen Straßenbuden saß der Sushi-Koch etwas erhöht und verkaufte seine Sushis den Passanten. Sie tunkten die Sushis in eine gemeinschaftliche Schüssel mit Sojasoße und Ingwer und aßen sie im Stehen.

Sushi-Essen erfreut sich seit den Neunzigerjahren auch in Deutschland zunehmender Beliebtheit und das nicht nur bei jungen Leuten. Es ist also schön und angebracht, sich Gedanken darüber zu machen, wie man auch dieses Gericht stilvoll – auf japanische Weise – isst. Das ist ganz einfach und geht so: Zu jedem Sushi-Gedeck gehören immer Sojasauce, Wasabi (das ist die Paste aus grünem Meerrettich), eingelegter Ingwer und eine kleine Schale. Hier in Deutschland werden Sushis zumeist mit den Stäbchen gegessen, obwohl Stäbchen in Japan nicht zu einem Sushi-Gedeck dazugehören. Wer nicht routiniert mit den Stäbchen umgehen kann, isst also einfach mit den Fingern, wie die Japaner. Es gibt ja ganz viele unterschiedliche Sushis. Die häufigsten Sorten: Maki sind die kleinen, in Algenblättern gerollten, Nigiri die mit Belag und Temaki die tütenförmigen. Obwohl sie Ihnen manchmal recht groß erscheinen, sollten Sie vom Sushi lieber nicht abbeißen. Maki und Nigiri steckt man sich im Ganzen in den Mund, nur von Temaki-Sushis kann und sollte abgebissen werden – die sind einfach zu groß.

Zuerst gießen Sie sich etwas Sojasauce in die kleine Schale und rühren mit den Stäbchen nur ein bisschen Wasabi-Paste hinein. Bevor Sie ein Sushi essen, tunken Sie es ganz kurz in die Sojasauce. Nigiri-Sushi wird mit der Oberseite, also mit dem Fisch, eingedippt, da sonst der Reis, der heute leicht mit Essig gesäuert ist, nicht mehr zusammenklebt und alles auseinanderfällt. Am besten geht das, wenn Sie den Zeigefinger auf das hintere Ende des Belags des Nigiri-Sushis legen und mit Daumen und Mittelfinger von den Seiten zugreifen – so bleibt der Fisch da, wo er hingehört, wenn er mit der Fischseite nach unten in den Mund gebracht wird. Falls man doch davon abbeißen möchte, ist das so zudem sauberer. Nachdem Sie das Sushi gegessen haben, empfiehlt es sich, ein kleines Stück Ingwer zu essen oder einen Schluck Miso-Suppe oder grünen Tee zu trinken, um den Gaumen für einen neuen Geschmack zu neutralisieren.

Keinesfalls sollten Sie Sushi aber mit Messer und Gabel essen. Das wäre ganz schlechter Stil. Darüber hinaus sollten Sie generell beim Essen mit Stäbchen wissen, dass damit eine Reihe von Beerdigungsritualen verbunden sind. Alles was mit Tod und Beerdigung in Verbindung gebracht wird, ist völlig tabu. Reichen Sie beispielsweise nie ein Sushi von Stäbchen zu Stäbchen an einen anderen weiter. Diese Art des Weiterreichens ist traditionell ausschließlich Beerdigungsritualen vorbehalten – auf diese Weise werden die Knochen der eingeäscherten Verstorbenen weitergegeben.

Sollten Sie hier einmal mit dem Sushiangebot nicht zufrieden sein, könnte es an der in Deutschland weit weniger gründlichen Ausbildung der Sushi-Köche liegen. Ein guter Sushi-Koch verbringt nämlich in Japan zunächst zwei Jahre mit einer Grundausbildung in der Küche. Anschließend lernt er so lange Reis zu kochen, bis er ihm jedes Mal perfekt gelingt – zwei Lehrjahre kann das dauern. Erst dann lernt er – meist drei bis vier Jahre lang – Fisch fachmännisch zu beschaffen, zu zerteilen und zuzubereiten sowie endlich auch die kunstvolle Sushi-Bereitung. So vergehen sieben bis acht Ausbildungsjahre, bevor ein Sushi-Koch in Japan als qualifiziert gilt.

Fingergerichte sind kein Fingerfood

Sind Fingergerichte und Fingerfood dasselbe?

Einige Menschen betrachten Geflügelkeulen als Fingergericht, das man einfach in die Hand nehmen kann. Vielleicht kennen Sie auch das Gerücht *Alles, was fliegt, kann man mit der Hand essen.* Das ist ebenfalls falsch. In der gepflegten Gastronomie – im gutbürgerlichen Restaurant wie in einem 3-Sterne-Restaurant – erwartet man von den Gästen, dass sie eine Hähnchenkeule mit Messer und Gabel essen, und darüber hinaus, dass Gäste ihre Entscheidung, ob eine Speise mit der Hand gegessen werden soll oder nicht, nicht davon abhängig machen, ob sie in lebendigem Zustand fliegen konnte oder nicht.

Auch wenn die Begriffe *Fingergericht* und *Fingerfood* umgangssprachlich synonym benutzt werden, bedeuten sie in der Gastronomie etwas ganz Unterschiedliches. Wer in einem Restaurant ein *Fingergericht* bestellt, wird dazu automa-

tisch eine Fingerschale – etwas feiner auch Fingerbowle genannt – serviert oder nachserviert bekommen. In dieser Fingerschale aus Silber oder edlem Porzellan befindet sich lauwarmes Wasser, meist mit einer Zitronenscheibe und manchmal hübsch mit zum Gericht passenden Blättern dekoriert. Darin soll man sich nach dem Essen oder auch einmal zwischendurch die Finger säubern. Zum Trockentupfen gedacht ist die Serviette, die mit der Fingerschale gebracht wurde – nicht die Serviette auf dem Schoß. Alternativ zur Fingerschale bekommt man in manchen Restaurants, meist mit ausländischer Küche, auch ein heißes, feuchtes Tuch gereicht. Es eignet sich – eher noch als die feine Fingerbowle – ganz hervorragend zum Säubern der Finger. Wohlgemerkt: der Finger, denn auch Fingergerichte werden nicht mit der ganzen Hand gegessen. Klassische Fingergerichte sind beispielsweise: Schalen- und Krustentiere, falls sie nicht bereits ausgelöst serviert werden; frische Muscheln und Austern; Spareribs; Wachteln und im Ganzen servierte Artischocken. Schalen- und Krustentiere sind heute kaum noch Fingergerichte, da sie in den allermeisten Restaurants und insbesondere in der Edelgastronomie nur noch auf besonderen Wunsch hin im Ganzen serviert werden.

Fingerfood ist dagegen ein neudeutscher Begriff für all die Häppchen und kleinen Köstlichkeiten, bei denen eine Serviette vollkommen ausreichend sein müsste.

Typisch für Fingerfood und ganz modern ist das sogenannte Flying Buffet. Das besteht dann aus kleinen Snacks, die entweder mit einem Spieß oder auf kleinen Tellern serviert werden und, wenn dazu kein Besteckteil gereicht wird, direkt mit der Hand gegessen werden können – oft in nur einem Bissen. Beispielsweise Kanapees, Mini-Quiches, Scampi, Pasteten, Fleisch- oder Gemüsebällchen.

Falls der Service nicht aufmerksam arbeitet, stehen Gäste irgendwann vor der Frage, wohin sie die übrig gebliebenen Spieße oder die leeren kleinen Papiertaschen legen sollen. Auf keinen Fall gehören sie in Aschenbecher oder in leere Gläser oder Tassen und auch nicht auf Platten, von denen noch Speisen zum Verzehr angeboten werden sollen. Bitten Sie vielmehr einen Servicemitarbeiter darum, einen Teller oder Ähnliches zu bringen oder Ihnen diese Überreste abzunehmen.

Typische Gelegenheiten, bei denen Fingerfood angeboten wird, sind Empfänge oder Stehpartys – als Solo-Veranstaltung oder aber auch als Empfangssituation. Fastfood-Gerichte sind natürlich auch fast alle Fingerfood.

Alles auf dem Tisch

Wie sollte im Restaurant ein Gedeck richtig eingedeckt sein?

Als Gedeck bezeichnet man in Deutschland die Zusammenstellung von Geschirr, Besteck und Gläsern, die ein einzelner Gast im Restaurant für das bestellte Menü zum Essen benötigt. Wie das Gedeck konkret aussieht, ist also vor allem von der Speisenfolge und von den dazugehörigen Weinen abhängig, so dass hier keine allgemeinen Angaben gemacht werden können. 60 cm, im Idealfall 80 cm, sollten für ein Gedeck an der Tafel zur Verfügung stehen.

In der Mitte eines Gedecks wird der große Platzteller bündig mit der Tischkante aufgestellt sein. Er unterscheidet sich im Material vom Essgeschirr und ist meist aus Edelstahl oder Glas.

Auf der rechten Seite neben dem Platzteller sollen maximal vier Besteckteile und links neben dem Platzteller maximal drei Besteckteile eingedeckt werden. Es sollen nicht zwei haargenau gleiche Besteckteile nebeneinander platziert werden und jedes Besteckteil soll ungefähr zwei Fingerbreit von der Tischkante entfernt liegen.

Der *Couvertteller* (Brotteller) wird links neben oder über den Gabeln platziert, auf ihm – mit der Schneide nach links zeigend – liegt das kleine Couvertmesser (Brotmesser).

Das *mittlere Messer* wird rechts neben dem Tafelmesser eingedeckt und zeigt mit der Messerschneide nach links zum Tellerrand. Die *mittlere Gabel* soll neben der

Tafelgabel etwas in der Höhe versetzt eingedeckt werden. Der *Tafellöffel* wird parallel neben dem Messer auf einer Höhe platziert. Das *Fischmesser* wird rechts eingedeckt und zeigt mit der Kerbe nach rechts. Die *Fischgabel* – links eingedeckt – zeigt mit den Zinken nach oben. Das *Tafelmesser* wird rechts eingedeckt und zeigt mit der Messerschneide nach links zum Tellerrand. Die *Tafelgabel* – links eingedeckt – zeigt mit den Zinken nach oben. Das *Dessertbesteck* liegt quer oberhalb des Tellers. Dabei liegt die Gabel mit dem Griff nach links direkt über dem Teller und der Löffel mit dem Griff nach rechts über der Gabel.

Die *Tischkarte* mit dem Namen des Gastes hat ihren Platz oberhalb des Gedeckes. Die *Menükarte* steht oberhalb des Gedeckes hinter der Tischkarte. Je nach Servierart werden einzelne Besteckteile erst mit der entsprechenden Speise serviert oder nachgedeckt.

Spezialbestecke werden nachgedeckt. Links vom Gedeck werden Krebsbesteck, Schneckenzange und Hummerzange nachgedeckt. Rechts werden Gourmetlöffel, Hummergabel (-spatel), Schneckengabel, Austerngabel, Fonduegabel, Kaviarmesser und Kaviarlöffel nachgedeckt.

Höchstens vier Gläser gehören zu einem Gedeck, wobei das Richtglas (das Glas für den Hauptgang) direkt vor dem Messer für den Hauptgang stehen soll. Das Wasserglas steht praktischerweise ganz rechts und die anderen Gläser formieren sich heute nach Geschmack des Hauses um die beiden Gläser herum.

Fräuleins mit den Augen ansprechen

Wie spricht man im Restaurant eine weibliche Bedienung an?

Die deutsche Sprache bietet eigentlich keine Möglichkeit, eine Kellnerin auf höfliche Weise anzusprechen oder zu rufen. *Fräulein* kommt nicht mehr in Frage, das ist längst verpönt, und seitdem dieser Begriff vollkommen aus unserem Sprachgebrauch verschwunden ist, würde es auch wie aus einer anderen Zeit kommend wirken, wenn man riefe: *Fräulein, zahlen bitte.* Diese Bezeichnung ist aber nicht nur aus der Mode gekommen, sondern wurde von jeher als diskriminierend empfunden. *Frau Kellnerin* ist keine stilvolle Alternative und *Frau Oberin* geht ebenfalls nicht, weil es anderweitig besetzt ist.

Zeichensprachliche Strategien, wie Gebärden, Gesten und Winke, sind auch nicht erlaubt, um auf sich aufmerksam zu machen. Wildes Winken, mit dem Finger Schnippen, lautes *Hallo*-Rufen oder gar die Fingersprache nach der Rechnung ist ebenfalls blamabel. Die einzige stilvolle und höfliche Möglichkeit ist – früher genauso wie heute – das Rufen mit den Augen, möglichst wie nebenbei und ohne größere Anstrengung. Blickkontakt, lächeln und ein ganz leichtes Kopfnicken sollten einer geschulten Kellnerin, genauso wie einem geschulten Kellner, genügen. Damit ist jeder Gast darauf angewiesen, dass die Servicekräfte aufmerksam und ebenfalls ständig für einen Blickkontakt bereit sind – ab dem Zeitpunkt, wenn man das Restaurant betritt. Als Gast möchte man zumindest wahrgenommen werden, auch wenn es der Servicekraft nicht sofort möglich ist, sich um einen zu kümmern.

Wer mit den Augen nicht erfolgreich ist, geht notfalls zum Bezahlen zum Tresen und sucht sich beim nächsten Restaurantbesuch ein anderes Lokal. Immerhin möchte man nicht vom Service gezwungen werden, sich danebenzubenehmen – weder bei der Anrede noch sonstwie. Und das ist auch gar nichts Neues und hat auch nichts mit dem Verlust des *Fräuleins* zu tun. Seit eh und je und nicht erst seit 1956 empfiehlt der gute Ton: «Den Kellner holt man nicht durch Anrufe wie: «Hallo!» oder «Pst!» oder durch Klopfen an das Glas oder Teller herbei, sondern durch einen leichten Wink oder Heben der Hand oder eine andere entsprechende Geste bzw. Miene. Von einigermaßen aufmerksamem Personal wird dergleichen immer bemerkt werden.»

In den USA stellen sich übrigens die Kellnerinnen und Kellner am Tisch vor, und das tun sie auch deshalb, damit sie mit ihrem Namen angesprochen werden können. Rufen kann man sie allerdings nicht mit ihrem Namen – nur so ansprechen. Die Restaurantmitarbeiter – auch Schwarze Brigade genannt – sind streng hierarchisch geordnet und es ist für Gäste hilfreich zu wissen, was man von wem erwarten kann und was nur an den entsprechenden Kollegen oder an die Kollegin weitergegeben wird.

In Restaurants, die mit der gesamten Restaurantbrigade arbeiten, wird der Augenkontakt meist ausreichen, da jeder Mitarbeiter eine hervorragende Ausbildung durchlaufen hat, doch in vielen anderen Restaurants muss ein Kellner sämtliche Aufgaben übernehmen. Dann kann es sehr hilfreich und charmant sein, wenn er oder sie trotzdem «umsichtig» arbeitet.

Maître (d'Hôtel), Directeur de restaurant (Direktor): Er hat die Gesamtverantwortung für den Empfang, den Service und das Niveau des Hauses.

Chefs de rang (Oberkellner): Sie sind für einen Bereich im Restaurant verantwortlich, bedienen mit und übernehmen das Tranchieren und Filetieren etc.

Serveurs de restaurant (Kellner): Sie arbeiten vor allem zwischen den Gängen unter Anweisung des Oberkellners.

Commis (Jungkellner): Sie müssen hauptsächlich helfen, Teller abräumen und Wünsche weiterleiten.

Sommelier/Sommelière (Weinkellner): Sie sorgen dafür, dass Wein und Spirituosen fürsorglich ausgewählt werden.

Herr Ober. Bitte zahlen.

Was ist mit dem stilvollen Bezahlen der Restaurantrechnung gemeint?

Das stilvolle Bezahlen der Rechnung steht am Ende eines Restaurantbesuchs und ist nach einer Essenseinladung die Aufgabe der Gastgeber. Nachdem die letzte Runde bestellt ist, kümmert sich der Gastgeber – respektive heute auch die Gastgeberin – um die Rechnung. Dabei hat er zwei Möglichkeiten:

Bei einem hochoffiziellen Essen wird er in einem geeigneten Moment zum Tresen gehen und dort die Rechnung bezahlen, so dass seine Gäste nichts davon bemerken. Hier kann er den Rechnungsbetrag entweder mit der Kreditkarte oder in bar bezahlen. Das Trinkgeld wird er anschließend mit 5-10 Prozent oder sogar etwas mehr vom Rechnungsbetrag und ein paar freundlichen Worten des Dankes und der Anerkennung für die erbrachte Leistung in bar überreichen.

Bei weniger offiziellen Essenseinladungen kann er es auf die gleiche formvollendete Weise regeln oder aber die Rechnung am Tisch bezahlen. Der Restaurantmitarbeiter wird dann die Rechnung so, dass die Gäste sie nicht sehen können – und hoffentlich nicht solo als Bon –, in geeigneter Form übergeben. Der Gastgeber informiert sich über den Betrag, übergibt in der gleichen Form, wie die Rechnung ausgehändigt wurde, seine Kreditkarte zur Bezahlung und legt diskret entweder gleich (nur in Deutschland und in den skandinavischen Ländern) oder erst später, nachdem die Kreditkartenprozedur abgewickelt ist, das Trinkgeld in bar und mit einem *Dankeschön* dazu – möglichst so, dass die Gäste weder den Rechnungs- noch den Trinkgeldbetrag mitbekommen.

Möchte er den Rechnungsbetrag am Tisch in bar bezahlen, hat er auch dafür zwei stilgerechte Möglichkeiten. Entweder schlägt er, etwa bei einem Rechnungsbetrag von 165,00 €, wie es in Deutschland üblich ist sofort das Trinkgeld auf den Rechnungsbetrag drauf. Dann macht er das, falls er nicht passend bezahlen kann, nicht, indem er beispielsweise sagt *180,00 €*, sondern indem er *Bitte geben Sie mir 20 zurück* oder *Runden Sie bitte auf 80 auf* formuliert. Der Restaurantmitarbeiter wird die Botschaft verstehen und Ihre höflichen Gäste verstehen auch, was Sie damit bezwecken. Sie können sich aber auch zunächst das Restgeld zurückgeben lassen und so, wie es international üblich ist, den Tip liegen lassen – so oder so drücken Sie Ihre Zufriedenheit mit einem Dank an den guten Service, die exzellente Küche oder was auch immer mit einem angemessen formulierten Dankeschön und mit einem freundlichen Lächeln aus.

Nun gehen aber auch oft Freunde, Klubs oder Sport-Mannschaften gemeinsam essen – keiner hat eingeladen, jeder zahlt entweder für sich oder man legt zusammen. Wie verfahren werden soll, ist entweder bereits Tradition oder man sollte sich darüber am besten schon vorab einigen.

Wenn alle zusammenlegen, wird die Rechnung einfach durch die Mitglieder der Tischgemeinschaft geteilt und jeder legt den gleichen Prozentsatz fürs Trinkgeld drauf. Wer da eine Diskussion darüber anfängt, dass er ein Glas weniger getrunken hat als der andere, stellt sich nur selbst bloß – auch wenn man ihm das, aus Höflichkeit, nicht gleich klarmachen wird.

Hat man sich so geeinigt, dass jeder für sich bezahlt, empfiehlt es sich, den Restaurantmitarbeiter darüber zu informieren, damit er entsprechende Vorkehrungen treffen kann.

Wer das beispielsweise im Beisein von Franzosen oder Italienern macht, hat dann allerdings ihre Zuneigung verspielt. Die würden vor Scham im Boden versinken.

Diskretion ist in beiden Fällen nicht von besonderer Bedeutung, wohl aber der Dank und die Wertschätzung für die außer der Regel geleistete Dienstverrichtung des freundlich gebliebenen Kellners.

Trinkgeld ist keine Chefsache

Ist es heute noch richtig, dass der Wirt im Restaurant, wenn er selbst bedient, kein Trinkgeld bekommt?

Das ist nach wie vor richtig und gilt nicht nur für den Wirt im Restaurant, sondern auch für alle anderen Chefs (mit Ausnahme von Taxifahrern) – Männer und Frauen – in allen trinkgeld-typischen Branchen, wenn sie selbst kassieren. Richtig ist aber leider auch, dass viele Chefs von dieser traditionellen Regel gar nichts mehr wissen.

Chefs Trinkgeld zu geben, war bis vor gar nicht allzu langer Zeit eine grobe Unhöflichkeit, so dass ältere Benimmbücher dem Gast im Zweifel sogar empfehlen, nachzufragen, bevor er sich selbst blamiert und den Chef beleidigt. Das ist heute prinzipiell nicht anders. Immerhin müssen Gäste und Kunden über die Besitzverhältnisse informiert sein, um sich korrekt verhalten zu können. De facto beleidigt man ansonsten Haus und Inhaber, auch wenn der das gar nicht weiß und sogar vielmehr dann beleidigt ist, wenn er kein Trinkgeld bekommt. «Trinkgelder gibt man nur Angestellten, nicht dem Wirt oder der Wirtin selbst. Ist man im Zweifel, ob man etwa den Wirt persönlich vor sich hat, vergewissert man sich darüber durch eine höfliche Frage: «Sind Sie der Herr Wirt persönlich?» oder ähnliches.», schrieb beispielsweise 1955 Gertrud Oheim. Und auch ein Jahr später heißt es bei Walther von Kamptz-Borken: «Was das Trinkgeld anlangt, so sei noch an dieser Stelle als Richtlinie erwähnt, dass man nur Personen in dienender Stellung oder solchen ein Trinkgeld geben darf, die Gelegenheitsarbeiten verrichten; sonst würde man vielleicht verletzen. Man kann also etwa einem Kellner, einem Wagenlenker, einem Friseur, einem Briefträger, Geschäftsdiener, Hausdiener oder Stubenmädchen, einem Boten, Liftboy, Stiefelputzer u. dgl. Trinkgelder geben.»

Dass Kunden oder Gäste, die sich – aus Respekt vor dem Unternehmer – daran halten wollen, Gefahr laufen, als knickerig eingeschätzt zu werden, ist leider auch wahr, und dass ihnen unterstellt werden könnte, sie seien mit der Leistung nicht zufrieden, ist hin und wieder noch schlimmer.

Wohl aus dieser Not heraus entstand ein allseits akzeptiertes Dankeschön-Hintertürchen: In der Gastronomie können Sie das Trinkgeld mit einigen begleitenden Worten *An Ihre Mitarbeiter (Servicekräfte, Team, Küchenbrigade) einen herzlichen Dank* überreichen. Im Friseursalon eignet sich auch ein kleines Geschenk – vielleicht zu Weihnachten oder zwischendurch an die Kaffeekasse. Sie können auch eine größere Summe übergeben und die Mitarbeiter am Empfang bitten, das Dankeschön aufzuteilen. Oft vermeidet es allerdings auch der wissende Chef, selbst abzukassieren, und Sie sind somit aus dem Schneider.

Ebenfalls kein Trinkgeld bekommen Stewards und Stewardessen der Airlines und selbstredend alle, die Ihnen lediglich einen Gefallen getan haben.

Das Trinkgeld gilt heute in fast allen Dienstleistungsbereichen als ein Zeichen des Lobes bzw. des besonderen Dankes. Daher ist es auch wichtig, sich über die Art der Übergabe des Trinkgeldes einige Gedanken zu machen. Stilvoll, und damit ohne den Annehmenden zu verletzen, wird das Trinkgeld immer mit ein paar Worten des Dankes, mit einem Lächeln und ohne großes Aufheben überreicht.

Zu guter Letzt soll über die Art des Trinkgeldgebens noch einmal Walther von Kamptz-Borken zu Wort kommen, weil er es so schön bemerkt, «dass Unauffälligkeit unbedingt erforderlich ist. Mit großer Geste gegebenes Trinkgeld verfolgt stets einen Zweck Dritten gegenüber und ist daher kein echtes Trinkgeld und ungehörig. Ein Trinkgeld ist es auch nicht, wenn man jemand eine Zuwendung macht, um sich einen Vorteil zu verschaffen. Das ist dann eine Bestechung.»

Tip-Tipp: Dank und Anerkennung

Wie viel Trinkgeld ist in Deutschland angemessen?

Seit dem 14. Jahrhundert bereits ist es üblich, zusätzliche Dienstleistungen wie Freundlichkeit und besonderen Service mit einem Trinkgeld zu belohnen. Anfänglich war es tatsächlich so, dass dieser Extrabetrag dem Handlanger und Tagelöhner hingeworfen wurde, damit er sich davon betrinken konnte. Trinkgeld wurde jedoch auch im Voraus Halunken und Eckenstehern gegeben, um sich Unannehmlichkeiten, Grobheiten und Frechheiten zu ersparen, oder auch von Kaufleuten an Raubritter und Diebe gezahlt. Und auch sie betranken sich in der Regel von diesem Geld.

Das ist der Hintergrund dafür, dass es nach wie vor als unhöflich gilt, Trinkgelder an Chefs und Chefinnen zu zahlen, auch wenn das längst seine Berechtigung verloren hat.

Heute ist das Trinkgeld – der Name ist im Deutschen nun mal so erhalten geblieben – längst eine schöne Möglichkeit, sich für außergewöhnliches Engagement und für Leistungen, die im Preis nicht inbegriffen sind, zu bedanken. Das *Dankeschön* auch zu formulieren, ist nicht nur aufgrund des diffizilen Hintergrunds so besonders wichtig. Trinkgeld dagegen mit einer Geste der Geringschätzung wie Almosen zu zahlen, ist ganz schlechter Stil. Und bei berechtigtem Anlass für eine

Beschwerde sollte lieber ganz darauf verzichtet werden, Trinkgeld zu geben, als die Rechnungssumme nur um einige Cent aufzurunden.

Heute ist es in Deutschland kein Muss, aber Sitte, nach zur Zufriedenheit erbrachter Leistung eine Belohnung quasi als Bedienungsgeld an Taxifahrer, Mitarbeiter in der Gastronomie, in der Hotel- und Reisebranche, in Schönheitssalons wie Friseur und Kosmetikinstitut zu zahlen. Darüber hinaus freuen sich auch Personen, die über das ganze Jahr hinweg Leistungen erbracht haben, wie Brief- oder Zeitungszusteller, Müllmänner, Hausmeister oder Gärtner, wenn sie mit einem Weihnachtstrinkgeld oder einem kleinen Geschenk bedacht werden – wenn man sie persönlich trifft und kennt.

Generell liegt man in Deutschland – je nach Zufriedenheit und Leistung – mit einem Betrag zwischen 5-10 Prozent der Rechnungssumme richtig. Stewardessen und Stewards von Fluggesellschaften werden als Gastgebende angesehen und bekommen daher im Gegensatz zu Stewardessen und Stewards auf Schiffsreisen, die sogar eher 15 Prozent des Reisepreises an Trinkgeld erwarten, kein Trinkgeld.

Im Restaurant sind bei guter Leistung 7 bis 10 Prozent der Rechnungssumme als Trinkgeld üblich, wobei der Prozentsatz niedriger wird, je höher die Rechnung ausfällt. Bei größeren Summen, etwa von Gourmet- oder Sterne-Restaurants, genügen rund 5 Prozent Trinkgeld, sonst erkennt man Sie leicht als Debütant. Restauranttrinkgelder wandern fast überall in einen gemeinsamen Topf, aus dem sie gerecht oder nach einem bestimmten Schlüssel geteilt werden. Der Barkeeper bekommt dagegen ca. 15 Prozent Trinkgeld.

Übergeben Sie das Trinkgeld möglichst immer in bar, auch wenn Sie mit der Kreditkarte bezahlen, und begleiten Sie Ihren Tip, wie das Trinkgeld international genannt wird, immer mit Worten, die Ihren Dank und Ihre Wertschätzung ausdrücken.

Besondere Gelegenheiten – privat, beruflich und in Gesellschaft

Ja oder Nein, nicht Njein

Wie kann ich eine Einladung absagen, ohne unhöflich zu sein?

Man braucht sich als Eingeladener nur in die Rolle der Gastgebenden hineinzuversetzen, um einerseits nachempfinden zu können, wie wichtig eine möglichst genaue Gästeplanung für ein Fest, insbesondere für ein Geburtstagsfest, ist, und andererseits zu spüren, wie sich jemand fühlt, der eingeladen hat und auf die Reaktion der Gäste wartet. Es ist daher ein Gebot der Höflichkeit und der Achtung, eine Einladung zu beantworten – und zwar spätestens bis zu dem angegebenen Termin.

Fehlt ein solches Datum, sollte man so schnell wie möglich reagieren, um den Gastgebern die Planung zu erleichtern und sich als mitdenkender Gast zu zeigen. Obendrein zeigt man den Gastgebern damit, dass sie einem wichtig sind, und darüber freut sich jeder Mensch. Auf keinen Fall sollte man, ganz gleich, ob man zu- oder absagen möchte, die Gastgeber in die Verlegenheit bringen, nachfragen zu müssen.

Ein *Vielleicht* oder *Eventuell* darf niemals im Raum stehen bleiben, so in der Art von *Falls nichts Bessres kommt* ... Bitten Sie eventuell um eine Verlängerung der Antwortfrist, falls Sie erst danach eine definitive Entscheidung fällen können.

Bei einer persönlichen Geburtstagseinladung wird es selbstverständlich sein, sich zunächst für die Einladung zu bedanken und die darüber empfundene Freude auszusprechen – egal, ob man die Einladung annimmt oder nicht.

Wer absagen muss, sollte dies begründen und vor allem Bedauern über die Verhinderung ausdrücken. *Wie schade, dass ich nicht kommen kann, aber ausgerechnet zu dieser Zeit habe ich bereits seit Monaten eine Urlaubsreise geplant* ... Die Absage könnte – mit einem Glückwunsch verbunden – mit schönen Erinnerungen etwa an die gemeinsame Studienzeit, einem Dank für die angenehme Zusammenarbeit oder eine langjährige Freundschaft oder mit guten Wünschen für die Zukunft erweitert werden.

Falls man dennoch – unvorhergesehen – kurzfristig absagen muss, nachdem vorher eine Zusage gegeben wurde, dann muss es triftige Gründe geben, um den Gastgeber nicht doch noch zu verletzen. Falls man gar ganz plötzlich verhindert ist und ohne Vorankündigung nicht kommen kann, was nur eine ganz seltene Ausnahme sein darf, sollte man sich in aller Form – am ehesten mit einem handgeschriebenen Brief – und vielleicht mit einem Entschuldigungs-Blumenstrauß und gegebenenfalls mit einer Gegeneinladung dafür entschuldigen.

Einladung – Wer wann wo wie mit wem warum?

Welche Informationen gehören in eine stilvolle Einladung, und wie lange im Voraus sollte diese ausgesprochen werden?

Jede offizielle Einladung verlangt nach Einhaltung bestimmter Etiketteregeln, und besondere Anlässe wie etwa ein runder Geburtstag sind eine schöne Möglichkeit, bereits mit der Einladung auf die spezielle Bedeutung der Feier hinzuweisen. Schließlich geht es, gerade bei Geburtstagsfeiern, den Jubilaren zumeist gar nicht in erster Linie darum, sich selbst zu feiern. Vielmehr geht es ihnen um ihre Gäste; ihnen gegenüber wollen die Gastgeber mit der Einladung ihre Wertschätzung, ihren Dank, ihre Freundschaft und ihre Liebe ausdrücken. Das Einladungsschreiben stimmt die Gäste bereits auf die Veranstaltung ein; es weckt vor allem Erwartungen. Und nur dann, wenn Erwartungen auch erfüllt werden, ist das Fest perfekt und bewirkt bei allen Beteiligten eine positive Resonanz. Daher – um also die richtigen Erwartungen zu wecken – sollten Gäste bereits mit der Einladung alle relevanten Informationen zur Veranstaltung erhalten.

Dazu gehören:

- der genaue Absender – Firma, Gastgeber, Jubilar
- der genaue Adressat – mit dem korrekten und vollständigen Namen
- der Anlass der Veranstaltung
- der Ort der Veranstaltung – mit genauer Adresse
- das Datum der Veranstaltung
- die Uhrzeit – für den Beginn der Veranstaltung; ggf. die Uhrzeit für den Empfang; ggf. das ungefähre Ende der Veranstaltung
- ob und ggf. wie bewirtet wird – festliches Abendessen, rustikaler Imbiss oder nur ein Glas Champagner
- ggf. das Programm oder auch nur Teile davon
- der Zeitpunkt, bis wann um Antwort gebeten wird

- ggf. Bekleidungshinweis – als eine der wichtigsten Hilfestellungen für die Gäste
- ggf. Antwortkarte oder Antwortfax
- ggf. Hinweis für Übernachtungsmöglichkeiten
- ggf. Anfahrtsskizze

Je klarer, sorgfältiger und unkomplizierter die Einladung formuliert und gestaltet wird, umso einfacher machen Sie es Ihren Gästen, positiv zu antworten. Ganz im Gegensatz zu Gästen, die mit einer Einladung vor 1.000 Fragen stehen, fühlen sich jene Gäste, die wissen, was sie erwartet, sicher, wertgeschätzt und somit wohl. Dafür zu sorgen, dass sich die Gäste so fühlen können, ist unzweifelhaft die erste Gastgeberaufgabe.

Schicken Sie die Einladung auch nicht zu spät heraus. Ungefähr 6 bis 8 Wochen sollten Sie unbedingt einplanen und den ein oder anderen – für Sie wichtigen – Gast bereits Monate vorher informieren. Ansonsten riskieren Sie einerseits, so manchen Gast zu verärgern, oder aber andererseits, dass Sie eine Absage nach der anderen bekommen. Und bedenken Sie bei Ihrer Terminplanung auch Ferienzeiten oder wichtige Veranstaltungen, mit denen Ihr Termin konkurrieren müsste – große Fußballspiele beispielsweise.

Einladungen schreiben

Ist eine schriftliche Einladung für eine kleine Geburtstagsfeier im Restaurant übertrieben?

Mit einer schriftlichen Einladung werden beim Gast augenblicklich bestimmte Erwartungen geweckt und nur, wenn diese Erwartungen auch erfüllt werden, war diese Form der Einladung passend. Das bedeutet also, der geplante Stil der Veranstaltung sowie der Anlass, die Gastgeber und die einzuladenden Gäste bestimmen die passende Form der Einladung.

Ihr Geburtstag (vielleicht ein runder), ein ausgesuchter Gästekreis und ein besonders gutes Restaurant sind immerhin gleich drei gewichtige Argumente für eine schriftliche Einladung. Eine so geplante Veranstaltung verlangt dem Gastgeber bereits bei der Einladung spezielle Sorgfalt in Bezug auf Form, Wortwahl und Stil ab. Besondere Aufmerksamkeit erweckt immer eine handschriftliche Einladung – natürlich auf wertvollem Papier und mit königsblauer Tinte geschrieben.

Wertvolles Material ist beispielsweise handgeschöpftes Bütten. Wer eine handgeschriebene Einladung auf solch edlem Papier erhält, wird sofort an eine außergewöhnliche Gelegenheit denken. Die Handschrift sollte sauber, ordentlich und vor allem leserlich sein. Selbstverständlich ist auf ein fehlerfreies Deutsch mit richtiger Interpunktion großer Wert zu legen. Daher sollte – nicht nur bei offiziellen Einladungen – unbedingt eine dritte Person den Einladungstext kontrollieren, und auch der Verfasser sollte jede Einladung zum Abschluss selbst noch einmal sil-ben-wei-se lesen, damit auch ja nicht so ein dummer Schreibfehler übersehen wird. Zwar kann das bei zig Einladungen leicht passieren, darf es aber nicht. Es wäre doch zu schade, wenn beim Eingeladenen das Gefühl entsteht, dass der hohe Anspruch eher gewollt als gekonnt ist und dass zudem eine ehrgeizige Pflicht, der der Einladende gar nicht gewachsen zu sein scheint, in Eile und lustlos erledigt wurde.

Bei zwanzig Einladungen ist das ganz sicher kein Problem, doch sobald mehr Einladungen zu schreiben sind, ist der Aufwand bereits erheblich – schließlich gehören, wie Sie bereits wissen, viele Informationen in eine Einladung. Bei einer größeren Gästezahl empfiehlt es sich daher, für einen solchen Anlass auf hochwertigem Papier schön gedruckte Einladungskarten anfertigen zu lassen, in die Sie handschriftlich die persönliche Anrede eintragen und einen individuellen Gruß hinzufügen. Mit einer per Hand geschriebenen Adresse auf dem Umschlag und einer schönen Sonderbriefmarke erhöhen Sie den Aufmerksamkeitswert Ihres Schreibens enorm, und auch die Erwartungen. Auch bei weniger offiziellen Einladungen – Massenveranstaltungen mal ausgenommen – sollten keine Frankiermaschine und keine Adressaufkleber verwendet werden, und zumindest die Anrede und die Grußformel sollten stets mit der Hand geschrieben werden.

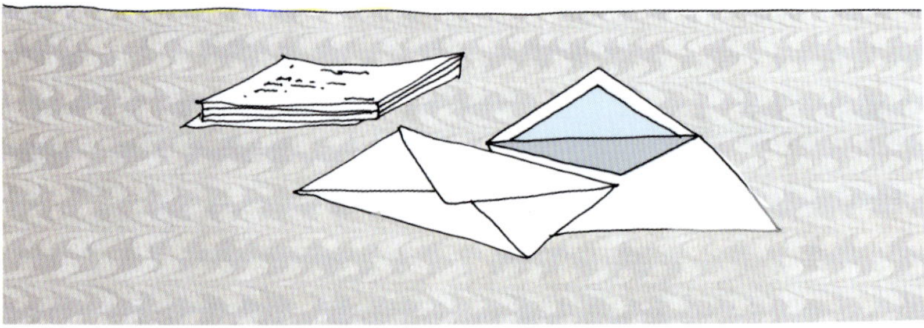

Wir kommen!

Wie wird in einer Einladung die Bitte um eine Antwort korrekt formuliert, wenn man genau wissen möchte, wer mit wem kommt?

Wer ein Fest plant, macht sich nur das Leben schwer, wenn er den Gästen nicht genau sagt, was sie machen sollen, und bereut es vielleicht sogar, überhaupt eingeladen zu haben, weil alles drunter und drüber zu gehen droht.

Die wichtigste Information für die Ausrichtung eines Festes ist zunächst nämlich die Gästeliste. Wer kommt, und mit wem? Erst mit dieser Information kann ein Gastgeber in die Feinplanung gehen und beispielsweise einen Sitzplan erstellen, der ja für das Gelingen eines Festes von außerordentlicher Bedeutung ist – das A und O eines gesetzten Essens – und an dem leider meist bis zur letzten Minute gefeilt werden muss. Um also die gewünschte Information von den eingeladenen Gästen zu erhalten, ist die Bitte *Um Antwort wird gebeten* mit dem Datum, bis wann Sie diese Antwort benötigen, auf Einladungen so wichtig; üblicherweise wird die Abkürzung *U.A.w.g.* verwendet. Das kann bei kleineren Veranstaltungen auch so formuliert werden: *Geben Sie uns bitte bis ... Bescheid ...*, oder *Sagt uns bis ..., ob Ihr kommen könnt.*

Bei größeren Veranstaltungen behalten Gastgeber den besseren Überblick, wenn konkrete und einheitliche Rückmeldemöglichkeiten vorgegeben werden – mit Antwortkarten oder Antwortfaxen. Nicht mit *Rückantworten* – das Wort ist nämlich ein Pleonasmus und führt sogleich zu einer Abwertung der Einladung. Die Vorgabe *Ich komme mit ... Personen* hilft dem Gastgeber allerdings auch nicht weiter. Man weiß nicht, ob der Gast nun zu zweit kommt oder ob er zwei weitere Personen mitbringt. Abgesehen davon ist unklar, mit wem er kommt. *Ich kann leider nicht kommen* ist ebenfalls unglücklich formuliert. Unterstellungen, welcher Art auch immer, gehören nicht in Ihre Einladung.

U.A.w.g. bis zum 11. Oktober 2017 per Post oder per Fax.
Faxnummer: 030 1234567

Vor- und Familienname:

....

☐ Ich komme allein.
☐ Ich komme mit .... weiteren Personen.
Vor- und Familiennamen der Personen (für die Tischkärtchen):

....
....
....

☐ Ich benötige eine Liste mit Übernachtungsmöglichkeiten.
☐ Ich nehme nicht teil.

Um Antwort wird bis zum 13. Oktober 2017 per Post oder per Fax gebeten.
Faxnummer: 030 1234567

Vor- und Familienname:

....

☐ Ich komme allein.
☐ Ich komme in Begleitung von Frau/Herrn ....
Vor- und Familienname der Person (für das Tischkärtchen):

....

☐ Ich komme nicht.

Bestimmte Speisewünsche:

....
....
....

Abkürzungen sollten Sie nur verwenden, wenn Sie sicher davon ausgehen können, dass alle Eingeladenen sie auch kennen, ansonsten ist die Langversion allemal höflicher.

In Deutschland übliche Abkürzungen:

U. A. w. g. Um Antwort wird gebeten.

p. m. *pour mémoire* (franz.: *zur Erinnerung*; handschriftlicher Zusatz auf Einladung, z. B. nach telefonischer Zusage)

s. t. *sine tempore* (lat.: *ohne Zeit*, d.h.: auf die Minute pünktlich)

c. t. *cum tempore* (lat.: *mit Zeit*, d.h.: bis zu 15 Minuten Verspätung sind möglich)

In Deutschland nicht üblich:

R. s. v. p. *répondez s'il vous plaît* (franz.: *Um Antwort wird gebeten.*)

a. s. a. p. *as soon as possible* (engl.: *so schnell wie möglich*)

Buffet als Alternative

Kann ein Buffet heute als eine stilvolle Alternative zum gesetzten Essen betrachtet werden?

Früher galt ein Buffet gegenüber einem gesetzten Essen als zweitklassig, und bis heute sehen das viele Menschen noch immer so. Das ist zum einen mit einem historischen Rückblick zu erklären und zum anderen mit den Manieren der Gäste am Buffet – gestern wie heute.

Natürlich gibt es einen himmelweiten Unterschied zwischen einem einfachen Buffet und einem aufwendigen Dinner-Buffet, bei dem meist eine festlich hergerichtete Auswahl von verschiedenen kalten und warmen Vorspeisen, Hauptgängen und Desserts angeboten wird und geschulte Servicekräfte jedem Gast beim Selbstbedienen behilflich sind, während weitere Servicekräfte das Buffet ständig pflegen.

Das klassische kalte Buffet hat man ursprünglich erfunden, um den Personal- und somit den Kostenaufwand für die Bewirtung zu reduzieren oder/und um trotz Platzmangels in der eigenen Wohnung für eine größere Anzahl von Gästen auftafeln zu können. Daher wird mit einem Buffet nach wie vor häufig der Gedanke verbunden, dass der Gastgeber es sich anders nicht leisten kann oder will. Außerdem galt es als weniger kultiviert, wenn sich die Gäste selbst die Speisen auf Tellern anrichten und zum Tisch bringen mussten, statt sie von Dienstpersonal serviert zu bekommen. Inzwischen ist dieses Negativ-Image jedoch weitestgehend überholt und dazu haben nicht zuletzt die Vorteile beigetragen, die ein Buffet jedem Gast bietet: Er kann die Größe der Portion selbst bestimmen; sich aus dem vielfältigen Speisenangebot das aussuchen, was ihm am meisten zusagt, und sich ein Menü aus verschiedenen Gerichten nach seinem Geschmack zusammenstellen.

Somit kann nicht nur auf bestimmte Vorlieben Rücksicht genommen werden, sondern auch auf Essgewohnheiten von Angehörigen bestimmter Religionsgemeinschaften sowie auf Menschen, die auf den Genuss bestimmter Nahrungsmittel mit Allergien oder mit Unverträglichkeiten reagieren.

Wenn Ihr Buffet in seiner Zusammensetzung einem mehrgängigen Menü entspricht, können Sie es Ihren Gästen sogar als *festliches Essen* präsentieren. Dann soll das Buffet mindestens aus den drei Bereichen Vorspeisen, Hauptgericht(e) und Desserts bestehen. Als Ersatz für ein festliches, serviertes Essen sollten Sie Ihr Buffet aber besser zusätzlich wenigstens mit einer Suppe aufwerten, womit es einem Vier-Gang-Menü entsprechen würde. Die Erweiterung auf fünf oder sechs Gänge erreichen Sie, wenn Sie verschiedenartige warme Speisen (Fisch, Fleisch, Vegetarisches) sowie Käse und Dessert anbieten.

Da diese Bewirtungsform jedoch nicht nur recht neu, sondern auch recht unbeliebt ist, sollten Sie Ihren Gästen am besten schon in der Einladung den Hinweis darauf geben, dass es ein Buffet geben wird – auch, um Enttäuschungen bei traditioneller eingestellten Menschen zu verhindern. Benennen Sie doch darüber hinaus Ihr Buffet so, dass es perfekt zu den angebotenen Speisen passt: *Dinner-Buffet*, *Gala-Buffet*, *Mittelmeer-Buffet* oder *Italienisches Buffet*.

Ein kaltes Buffet erfüllt die Anforderung für ein festliches Essen allerdings nach wie vor nicht und ist somit nicht als gleichwertiger Ersatz dafür zu sehen. Natürlich kann es nichtsdestotrotz für den Anlass und den Gästekreis genau angemessen und sowohl geschmackvoll als auch köstlich sein, nur ist es eben ein kaltes Buffet und damit keine Alternative zum festlichen Essen.

Bruncheinladung

Wie richtet man einen Brunch aus, und wen kann man dazu einladen?

Brunch – das Kunstwort aus der Verschmelzung von *breakfast* und *lunch* ist ja in unserem Sprachgebrauch bereits zu einem festen Begriff geworden, wobei der Schwerpunkt auf lunch liegt. Im angelsächsischen Sprachraum wird das, was wir hierzulande unter Brunch verstehen, übrigens cooked breakfast genannt.

Aus der Überlegung, ob der Brunch mit einer früheren Anfangszeit eher ein spätes, ausgedehntes Frühstück oder mit einer späteren Anfangszeit ein üppiges und vor allem vielseitiges Mittagessen werden soll, ergibt sich nicht nur das Speisen- und Getränkeangebot, sondern auch die Anfangs- und Schlusszeit. Ein Brunch hat zwar immer ein wenig Empfangs-Charakter, weil die Gäste kommen und gehen, doch falls Gastgeber nicht ganztags Gäste bewirten möchten, sollten sie bereits mit der Einladung klarmachen, wann Schluss ist. *Wir laden Euch am Sonntag, dem 11. Oktober 2017, von 10.00 Uhr bis 14.00 Uhr zum Brunch ein.*

Im vertrauten Kreis und wenn der Brunch eher als zwanglose Spontaneinladung veranstaltet wird, reicht natürlich ein Rundruf – angefangen bei den *wichtigsten*

Wunschgästen. Doch wenn eleganter oder aus einem bestimmten Anlass heraus gefeiert werden soll, empfiehlt es sich schon, in angemessener Form einzuladen. Schriftliche Einladungen sind dann angebracht, wenn es einen Grund zum Feiern gibt und der Brunch eher Fest-Charakter hat. Für ein eher zwangloses Zusammensein mit Freunden und Familie reicht dagegen auch eine telefonische Einladung. Je nach Bedeutung des Brunches sollte die Einladung – so, wie auch bei einer anderen wichtigen Veranstaltung – rechtzeitig und in der entsprechenden Form bekannt gegeben werden.

Immer dann, wenn auch Speisen angeboten werden (mit Ausnahme von Häppchen oder Flying Buffet), sollten Gastgeber auch für ausreichend Sitzgelegenheiten an Tischen oder zumindest für Stehtische sorgen, damit ihre Gäste manierlich essen können. Bei einer größeren Gästezahl oder wenn mehr Gäste eingeladen werden, als am Esstisch Platz haben, kann man sich ohne Weiteres auch für ein Buffet entscheiden. Geeignete Speisen sind zum Brunch alle Frühstückszutaten, zusätzlich warme Speisen und Desserts beziehungsweise Kuchen. Neben Kaffee, Tee, Säften und Mineralwasser sollte man, wenn auch Kinder kommen, Milch und Kakao bereithalten. Ferner freuen sich viele Gäste darüber, wenn Gastgeber beim Brunch obendrein Champagner/Sekt, Wein oder Bier anbieten. Falls Gäste ihre Kinder mitbringen werden, sollte zumindest für Beschäftigungs-Material gesorgt sein. Besser für alle ist es allerdings, wenn eine Person da ist, die sich ausschließlich um die Kinder kümmert.

Gerade im Sommer gehen viele Gastgeber zu selbstverständlich von Sonnenschein und angenehmen Temperaturen aus; dabei sind sie gut beraten, wenn sie flexibler planen, so dass sie bei Brunch-Wunschwetter im Freien feiern können – bei kaltem Regenwetter aber eine Ausweichmöglichkeit haben.

Bewerbungsgespräch – mit Stil ans Ziel

Wie überzeugt man seinen potenziellen Arbeitgeber im Bewerbungsgespräch?

Wenn Sie zu einem Bewerbungsgespräch eingeladen werden, ist die erste Hürde bereits genommen. Nun heißt es, beim ersten persönlichen Kennenlernen einen erstklassigen Eindruck zu machen. Welche Kriterien für einen guten Eindruck besonders wichtig sind, sollten Sie spätestens in Vorbereitung auf das Bewerbungsgespräch in Erfahrung gebracht haben, um zu wissen, wie Sie womit auf andere wirken. Sind Sie auch gut über das Unternehmen, über Ihren Gesprächspartner und über die zu besetzende Stelle informiert?

Das Unternehmen hat in einem Bewerbungsgespräch eine konkrete Erwartungshaltung und ob diese erfüllt wird, entscheidet sich meist gleich auf den ersten Blick. Da hat der Entscheider die wichtigsten Informationen über Sie bereits erfasst und entschieden: *sympathisch* oder *unsympathisch*, *passt ins Unternehmen* oder *passt nicht*. Sie haben es mit in der Hand, diese Beurteilung zu steuern.

Entscheidend für den ersten Eindruck ist ein angemessenes Auftreten. Dazu gehören alle verbalen und nonverbalen Kommunikationsstrategien, wie Ihre Haltung (aufrecht), Gestik (kontrolliert), Mimik (lächelnd), auch Ihre Stimme (freundlich), sogar Ihr Geruch (unauffällig) und schließlich ein gepflegtes, branchentypisches äußeres Erscheinungsbild. Und damit ist im Einzelfall nicht nur Ihre Frisur, Ihr Make-up und Ihre Kleidung gemeint, sondern eventuell auch Ihre Aktentasche, deren Inhalt und gegebenenfalls sogar Ihr Auto. Prüfen Sie alles auf repräsentative Tauglichkeit.

Selbstverständlich sind Sie pünktlich und melden sich ungefähr 5 Minuten vor dem Termin bei der Assistentin an. Den Namen, einschließlich aller Titel, Ihres Gesprächspartners und die Namen der Unternehmensleitung sollten Sie kennen und auch über die korrekte Aussprache informiert sein, damit Sie sie hin und wieder benutzen können. Beim Betreten des Besprechungszimmers sollten Sie eine offene und aufrechte Körperhaltung einnehmen, Blickkontakt suchen, freundlich

grüßen und abwarten, bis man Ihnen zur Begrüßung die Hand reicht – alles mit einem freundlichen Lächeln. Seien Sie sich darüber im Klaren, dass auch Ihr Händedruck interpretiert wird.

Dass Sie am Anfang des Bewerbungsgesprächs ein wenig Smalltalk führen müssen, wissen Sie vorher, so dass Sie sich ein paar interessante Themen zurechtlegen können. Kaffee und Mineralwasser können Sie annehmen, niemals aber Alkohol.

Gegenüber Ihrem vorherigen Arbeitgeber bleiben Sie unbedingt loyal.

Findet das Vorstellungsgespräch im Restaurant statt, sind gute Tischsitten obligatorisch. Kein einziger Fehler wird dabei übersehen, auch wenn man es Ihnen niemals sagen würde. Und wenn Ihnen die Gehaltsfrage noch so wichtig ist, über dieses Thema spricht zuerst der Entscheider – meist gegen Ende des Gesprächs. Auch wann das Gespräch beendet werden soll und ob es bei der Verabschiedung zum Handschlag kommt, entscheidet die Unternehmensseite. Nicht der Bewerber!

Der letzte Eindruck ist ebenfalls wichtig. Vergessen Sie keinesfalls, sich für das Gespräch zu bedanken und sich freundlich auch von der Assistentin zu verabschieden. Meldet man sich nach dem Gespräch nicht bei Ihnen, obwohl es so vereinbart war, können Sie nach circa sieben Tagen höflich per Telefon nachhaken.

Bewerbungsgespräch – viele Fragen

Worauf sollte man vorbereitet sein, wenn man zu einem Bewerbungsgespräch geht?

Über den ersten Eindruck wissen Sie Bescheid, und auch dass Sie – zumindest für diese Bewerbung – keine zweite Chance haben werden, ist Ihnen klar. Um auch einen guten zweiten Eindruck machen zu können, sind mehr Vorbereitungen notwendig, als lediglich für ein angemessenes äußeres Erscheinungsbild zu sorgen. Es geht jetzt um Ihre Fachkompetenz, aber vor allem möchte das Unternehmen Sie kennenlernen – als Menschen. Obwohl Sie nur Sie selbst sein sollen, ist dafür unbedingt eine gute Vorbereitung notwendig. Zeigen Sie Ihre beste Seite.

Üben Sie es, etwas über Ihre Person zu sagen, insbesondere zu Ihrem beruflichen Werdegang, zu Ihrer fachlichen Qualifikation und zu Praktika. Darüber hinaus sollten Sie eventuelle Schwachstellen in Ihrem Lebenslauf mit guten Argumenten erklären können und auch etwas über Ihre Stärken und Schwächen wissen. Antworten Sie auf Nachfragen nicht zu knapp, aber auch nicht zu ausschweifend.

Sie sollten überzeugend auftreten, ohne zu übertreiben, und das halten können, was Sie in Ihrer Bewerbung versprochen haben. Bleiben Sie unbedingt authentisch und vor allem natürlich. Es hilft Ihnen nichts, wenn Sie sich für den einen Bewerbungstag verstellen. Passen Sie sich dem Unternehmensimage an, wenn es Ihnen entspricht. Ansonsten suchen Sie sich lieber ein Unternehmen, das Ihren Vorstellungen entspricht. Alles andere macht Sie langfristig unglücklich. Inhalte des Bewerbungsgesprächs können außerdem Ihre Team-Fähigkeiten, Ihre Führungsqualitäten, Ihre Motivation und natürlich Ihre Gehaltsvorstellungen sein.

Auch Sie sollten ein paar Fragen vorbereitet haben, beispielsweise zu den Aufgaben, die mit der zu besetzenden Stelle in Verbindung stehen, zu Hierarchien im Unternehmen, zur Probezeit oder zu Weiterbildungs- und Entwicklungsmöglichkeiten.

Auf solche Fragen sollten Sie unbedingt vorbereitet sein:

- Warum glauben Sie, sind Sie besonders für die Stelle geeignet?
- Was wissen Sie über unser Unternehmen?
- Was glauben Sie, ist die wichtigste Eigenschaft, um im Leben erfolgreich zu sein?
- Was erhoffen Sie sich von einer zukünftigen Zusammenarbeit?
- Welche Fragen haben Sie noch?

Auf die letzte dieser Fragen sind Bewerber oft nicht vorbereitet, dabei kommt hier Spontaneität besonders gut an – auch wenn sie nicht spontan war.

Früher, und vielleicht auch heute noch bei konservativeren Entscheidern, konnte es vorkommen, dass Ihr Gegenüber unvermittelt aufstand und begann, gedankenverloren im Zimmer auf und ab zu gehen. Dann erwartete er von dem männlichen Bewerber, ebenfalls aufzustehen ...

Diejenigen Bewerber, die souverän und sicher mit Höflichkeitsgesten umgehen können, werden sich ohne nachzudenken richtig verhalten und haben es somit wesentlich leichter, sich auf das in der Situation für sie Wesentliche zu konzentrieren – nämlich auf den zweiten guten Eindruck.

Erster Arbeitstag – und 100 Tage danach

Worauf sollte man unbedingt achtgeben, um seine neue Stelle zu behalten?

Zunächst: Herzlichen Glückwunsch! Den Arbeitsvertrag haben Sie in der Tasche, doch schon steht die nächste Bewährung bevor: Es gilt zunächst, unbeschadet durch die Probezeit zu kommen und sowohl Vorgesetzte als auch Ihr neues Team von Ihren fachlichen, aber auch von Ihren sozialen und kommunikativen Fähigkeiten zu überzeugen. Damit Ihnen das gelingen kann, sind ein paar Grundvoraussetzungen von allerhöchster Bedeutung: Fachliche Kompetenz steht gewiss an erster Stelle, ebenso Ihr Verhältnis zur Arbeit selbst, doch darüber hinaus kommt es darauf an, dass Ihr angemessenes höfliches und freundliches Auftreten im Berufsleben keine Maskerade ist, sondern zu Ihnen gehört. Erst wenn Ihr sympathisches Auftreten authentisch und deshalb glaubwürdig ist, werden Sie damit auch langfristig erfolgreich sein können – im Berufsleben und auch privat. Insofern ist die Probezeit nicht nur für das Unternehmen wichtig, sondern auch für Sie.

Der Bekleidungsstil, der durch Bekleidungsgepflogenheiten der jeweiligen Branche vorgegeben ist, ist für Sie von nun ab verbindlich. Mit diesem Bekleidungskodex besitzen Sie eine wertvolle Orientierungshilfe für Ihr gesamtes äußeres Erscheinungsbild, doch um die internen Benimmcodes im Unternehmen kennenzulernen, benötigen Sie vor allem Sensibilität und Taktgefühl. Achten Sie besonders auf die nonverbalen Signale. Was ist wichtig? Wer ist wichtig? Worauf wird Wert gelegt?

Sie sind neu und somit steht es Ihnen – Rang hin, Rang her – gut an, alle Menschen, die Ihnen in Ihrem neuen Arbeitsbereich mit Blickkontakt begegnen, freundlich zu grüßen – egal, ob Sie sie schon kennen oder nicht. Darauf, jedem die Hand zu reichen, sollten Sie jedoch zunächst verzichten. Warten Sie besser ab, ob von der anderen Seite die Initiative ausgeht oder ob das Handreichen im Unternehmen unüblich ist. Und falls man es versäumt hat, Sie am neuen Arbeitsplatz den anderen vorzustellen, machen Sie sich zumindest in Ihrem nahen Umfeld selbst bekannt – mit Ihrem Vor- und Familiennamen. Auch wenn sich die anderen Kollegen untereinander mit *Du* ansprechen, gilt das für Sie nur dann, wenn es zur Unternehmensphilosophie gehört. Ansonsten ist das *Sie* für Sie vorerst obligat.

Smalltalk ist in der Probezeit sozusagen ein Muss; das kleine unverbindliche Gespräch ist eine schöne Möglichkeit, einander kennenzulernen. Doch nutzen Sie dafür passende Gelegenheiten, die den Arbeitsablauf nicht stören – am Wasserautomaten, im Fahrstuhl oder beim gleichzeitigen Kommen und Gehen. Geeignetes

Parkett für Kennenlerngespräche ist die Mittagspause. Falls niemand Sie zu sich an den Tisch einladen sollte, schließen Sie sich von sich aus einer kleinen Gruppe an. Insbesondere Routineabläufe betreffend hätten Sie vielleicht schnell den einen oder anderen guten Verbesserungsvorschlag parat. Warten Sie damit noch – am Anfang ist es besser, sich noch zurückzuhalten und zunächst einen Überblick zu verschaffen. Als Neuling macht man sich sonst schnell als Besserwisser unbeliebt.

Verlassen Sie sich nicht darauf, dass Sie ausführlich und detailliert eingearbeitet werden; ergreifen Sie selbst die Initiative. *Das habe ich nicht gewusst, Das hat mir keiner gesagt* wird Ihnen später nicht weiterhelfen. Fordern Sie freundlich, aber bestimmt die nötige Unterstützung und insbesondere alle für Sie notwendigen Informationen ein.

Betriebsfeier – kein reines Vergnügen

Gibt es besondere Verhaltensregeln für die Teilnahme an einer Betriebsfeier?

Prinzipiell gilt für die Betriebsfeier genau das Gleiche wie für jede andere offizielle Veranstaltung – nicht nur im Geschäftsleben: So etwas ist eben kein reines Vergnügen! Denken Sie bitte nicht, dass es bei betrieblichen Festen, ob anlässlich eines Jubiläums, zum Sommerfest, zum Neujahrsempfang oder bei der Weihnachtsfeier, nur gemütlich zugeht, dass Sie behaglich mit Mitarbeitern und Vorgesetzten bei einem Glas Sekt und Häppchen zusammensitzen und nun allen Ihr Herz ausschütten können oder endlich Gelegenheit haben, mit Ihrem Chef über Ihre Gehaltswünsche zu verhandeln. Zwar könnte die Situation verführerisch sein, doch reden Sie sich bitte nicht um Kopf und Kragen. Eine kurze, nette, aber bedeutungslose Kindheits-Weihnachtserinnerung oder Ähnliches kann durchaus erzählt werden, aber etwas wirklich Privates gehört nicht hierhin, und geschäftliche Themen genauso wenig.

Bitte rechnen Sie lieber auch nicht damit, dass bei Gesellschaften im Kreise Ihrer Kollegen, Vorgesetzten oder Mitarbeiter automatisch Fröhlichkeit aufkommt oder dass irgendetwas wie von selbst geschieht, geschweige denn, dass Sie sich ganz entspannt zurücklehnen können. Eine feierliche Veranstaltung im Unternehmen ist in Wirklichkeit eine zwar hoffentlich kultivierte und unterhaltsame, doch vor allem hochoffizielle, berufliche und wichtige Veranstaltung, bei der möglicherweise auch Ihre emotionalen und kommunikativen Fähigkeiten auf dem Prüfstand stehen. Gerade bei solchen Gelegenheiten ist schon über manche Karriere entschieden worden. Dies ist also unter Umständen eine Chance für Sie – zum

Gewinnen oder zum Verlieren. Vorausgesetzt, Sie sind gut vorbereitet, steigen die Gewinnerchancen natürlich. Für die Vorbereitung wissen Sie: Es ist eine berufliche Situation und ein offizielles Ereignis, Sie werden dort mit Mitarbeitern, Kollegen und Vorgesetzten zusammen sein und Sie wissen, in welcher Rolle Sie da sind – eben als Vorgesetzter, Mitarbeiter oder als Kollege. Zudem sollten Sie sich über den Rahmen der Veranstaltung informiert haben. Wird zünftig-rustikal, formell-festlich oder ganz anders gefeiert? Von alledem ist abhängig, welcher Ton richtig ist und welches Verhalten und Aussehen von Ihnen erwartet wird. Beides muss der Situation angemessen sein.

Doch obwohl oder sogar gerade weil Sie zu diesem Anlass keine Geschäftspläne aufstellen, Sie Ihr Team nicht motivieren müssen oder Ihr fachspezifisches Wissen gerade nicht gefragt ist, kommt es umso mehr darauf an, dass Sie authentisch und somit glaubwürdig bleiben und damit für die anderen berechenbar sind. Inszenieren Sie sich also nicht und versuchen Sie nicht, etwas darzustellen, was Sie nicht sind. Das macht Sie lächerlich, ist peinlich und stoßt andere vor den Kopf. Seien Sie sich dessen bewusst – und auch, dass es einen Morgen danach gibt.

Selbstverständlich kommen Sie pünktlich zur Veranstaltung, sind – je nach Einladung – passend gekleidet, verhalten sich stilvoll gemäßigt am Buffet und trinken nur so viel, dass Sie jeden Toast noch guten Gewissens mitmachen können.

PS: Eine nette Geste ist es schließlich auch, sich nicht nur beim Chef für das schöne Fest zu bedanken, sondern auch bei denen, die die Arbeit damit hatten.

Weihnachten mal anders

Wie könnte man die betriebliche Weihnachtsfeier einmal anders feiern – und auch die typischen problematischen Situationen bei einem Betriebsfest umgehen?

Betriebsweihnachtsfeiern sind ja so eine Sache. Manche Mitarbeiter freuen sich darauf, und die anderen empfinden sie als eine Last.

Es muss ja nicht immer die traditionelle Weihnachtsfeier mit Kerzenschein, Glühwein und Plätzchen sein, damit eine weihnachtliche Stimmung aufkommt. Versuchen Sie es doch einmal mit einem Wechsel der Veranstaltungsform. Allein ein anderer Name verschafft der betrieblichen Weihnachtsfeier schon neue Einfälle und etwas Abwechslung. Beispielsweise könnte dieses Jahr ein Adventstee oder eine Winterfeier stattfinden, aber auch ein Julklapp-Fest oder ein festliches Weihnachtsessen wäre denkbar. Schon deshalb, weil man zum Jahresende immer mit zahlreichen Terminen und Freizeitmangel rechnen muss, sollte die Weihnachtsfeier attraktiv repräsentiert werden, damit die Belegschaft sich gern daran beteiligen möchte. Zur Abwechslung könnte die Feier auch einmal außerhalb des Betriebsgeländes stattfinden; meist kann eine festliche Atmosphäre in ausgesuchten Lokalitäten besser erreicht werden als auf dem Alltagsterrain. Gerade bei solchen Gelegenheiten ist es immer eine schöne Geste, auch an die ehemaligen Mitarbeiter im Ruhestand zu denken. Und nicht nur sie freuen sich darüber, wenn die Einladungen zur Weihnachtsfeier auf dem traditionellen Postweg verschickt wurden, auch für die Mitarbeiter wird eine Feier überraschend aufgewertet, wenn sie eine sorgfältig gestaltete Einladung erhalten.

Wer bei der Vorbereitung mitgearbeitet hat, kennt natürlich den geplanten Ablauf, doch auch die anderen Mitarbeiter sollten je nach Veranstaltungsart ungefähr einschätzen können, wie lange sie etwa dauern wird. Daher empfiehlt es sich, entweder das Ende der Veranstaltung mit einer konkreten Uhrzeit bereits in der Einladung anzugeben oder aber, auf geeignete Weise nonverbal mitzuteilen, wie viel Zeit eingeplant werden soll. Bei einer Einladung zum Adventskaffee ist das Ende vor dem Abendessen geplant. Für eine Abendeinladung zum festlichen Weihnachtsessen sollten Sie mindestens drei bis vier Stunden einkalkulieren. Verabschieden Sie sich allerdings gleich nach dem Dessert, ist das nicht nur bei einer betrieblichen Weihnachtsfeier ausgesprochen stillos und unhöflich, da unversehens der Eindruck entsteht, Sie seien nur zur Nahrungsaufnahme da gewesen.

Immerhin ergibt sich nach dem Dessert oft auch eine gute Gelegenheit, um die Plätze zu tauschen und mit den anderen Kollegen, Mitarbeitern oder Vorgesetzten zu sprechen. Falls es feste Abläufe und Programmpunkte bei der Weihnachtsfeier gibt, sollten Sie auch darauf achtgeben.

Mitarbeiter, die als Erste wegmüssen, sollten bloß keine Aufbruchstimmung verbreiten, und als Letzter zu gehen, ist – außer für die Organisatoren – auch nicht zu empfehlen. Wann der richtige Moment gekommen ist, sich zu verabschieden, ist eine Frage, bei der sich jeder auf sein Gefühl verlassen sollte. So lassen sich dann auch am ehesten Situationen vermeiden, die man später bereuen könnte.

Als taktvoller Mensch werden Sie sich zu einem angemessenen Zeitpunkt zurückziehen. Ganz bewusst und auch auf die Gefahr hin, dass man Sie – was das Feiern betrifft – für distanziert oder zurückhaltend hält, sollten Sie sich auch in ungewohnten Situationen sowohl Vorgesetzten als auch Ihren Mitarbeitern gegenüber korrekt und loyal verhalten. Nur so schaffen Sie sich auf lange Sicht ein Ansehen, das auf Wertschätzung basiert.

Empfang – vielseitiger geht's nicht

Was muss bei der Organisation eines Empfanges besonders beachtet werden?

Als ausgesprochen variable Veranstaltungsform eignen Empfänge sich für die verschiedensten Gelegenheiten – insbesondere, wenn im Verhältnis zur Größe der Räumlichkeiten relativ viele Gäste eingeladen werden sollen. Allein diese Atmosphäre ist hervorragend dafür geeignet, Gäste wie nebenbei gezielt miteinander bekannt zu machen, bestehende Kontakte zu pflegen und die eine oder andere überraschende neue Bekanntschaft zu machen.

Größere Empfänge eignen sich sogar als Solitärveranstaltungen, während man mit kleineren Empfängen eine hilfreiche Möglichkeit hat, sie mit anderen Veranstaltungsformen zu kombinieren. Vor, nach und während einer Hauptveranstaltung sind Empfänge nämlich nicht nur eine willkommene Möglichkeit zum Kennenlernen, sondern auch zur Entspannung.

Natürlich ist der Anlass für den Empfang entscheidend dafür, in welchem Stil und in welchem Umfang die Veranstaltung durchgeführt wird. Der Stil wird zum einen durch die eingeladenen Gäste bestimmt und zum anderen durch die Wahl des Veranstaltungsortes, die Gestaltung sowie die Dekoration des Empfangsraumes. Dabei soll der Rahmen der Veranstaltung dem Anlass angemessen entsprechen. Ansonsten besteht für Gastgeber die Gefahr, entweder als Angeber oder als Knauser dazustehen, was natürlich beides peinlich ist. Da man bei Einladungen zu Empfängen meist mit einer hohen Absagequote und ferner mit einem ständigen Kommen und Gehen rechnen muss, eignen sich dafür besonders gut Räumlichkeiten, deren Größe flexibel gestaltet werden kann.

Erste Gastgeberaufgabe beim Empfang ist die korrekte Begrüßung der Gäste, was bei einer großen Gästezahl auch von einem Empfangskomitee übernommen werden kann. Bei der offiziellen Begrüßungsrede des Gastgebers sind die Ehrengäste entsprechend der protokollarischen Rangfolge zu begrüßen, wobei nicht mehr als fünf Ehrengäste oder Gästegruppen gesondert zu nennen sind.

Darüber hinaus muss der Rednerliste allergrößte Beachtung geschenkt werden. Sie ist in Absprache mit den Rednern bereits im Voraus, möglichst bereits ein paar Tage vor der Veranstaltung, entsprechend der protokollarischen Rangfolge festzulegen. Jeder Redner ist dann gut beraten, sich nicht nur an den genauen Zeitrahmen zu halten, der ihm maximal 5 Minuten Redezeit einräumen wird, sondern auch den Inhalt seiner Rede möglichst dicht am Anlass zu orientieren und weder bereits durch Vorredner gesprochene Worte zu wiederholen noch denen, die danach sprechen werden, etwas vorwegzunehmen. Zuhörer werden es für die hoffentlich kurze Redezeit unterlassen, zu essen und zu trinken, sich zu unterhalten oder umherzulaufen, und die Servicemitarbeiter werden vom Gastgeber angewiesen worden sein, während einer Rede augenblicklich den Service zu unterbrechen.

Bei Empfängen werden passende – auch nichtalkoholische – Getränke und mundgerechte Häppchen gereicht. Das Buffet auf einem Empfang ist am besten ein Gabelbuffet, damit die Gäste auch ohne Messer auskommen. Ohne (Steh-)Tische kommen Gäste, die kultiviert essen wollen, jedoch nicht aus, wenn sie vom Teller essen müssen. Und nur, wenn ausreichend geschulte Servicekräfte verpflichtet sind, wird der Empfang ein Erfolg – für die Gastgeber als Veranstalter und für die Gäste.

Stilvolle Weihnachtsgrüße

Wie verschickt man eine große Anzahl Weihnachtsgrüße, die auch im Gedächtnis bleiben?

Gehören Sie zu den Menschen, die das Jahr geruhsam ausklingen lassen und die Vorweihnachtszeit besinnlich genießen können? Viele Menschen erleben den Jahresausklang leider auch stressig, als voller Erwartungen, die zu erfüllen sind – Weihnachtsgrüße gehören dazu. Sei es, um (Geschäfts-)Kontakte aufrechtzuerhalten, um sich in Erinnerung zu rufen oder einfach um liebe Menschen zu erfreuen. Beginnen Sie doch schon im frühen Herbst damit.

Welchen Geschäftspartnern möchten Sie einen individuellen Brief schreiben, wem eine Karte und für welche Personen kommt auch ein Serienbrief in Frage?

Vermeiden Sie es – besonders, wenn Sie wenig über den Empfänger wissen –, fröhlich-naive Weihnachtsgrüße zu formulieren. Es zeugt von wenig Feingefühl, wenn einem Geschäftspartner, der beispielsweise gerade schwer erkrankt ist oder einen tragischen Verlust erlitten hat, *... viel Spaß beim Geschenke-Auspacken* gewünscht wird. Falls Sie eine sehr große Anzahl von Weihnachtsgrüßen versenden müssen und daher nicht umhin kommen, sich für den Serienbrief zu entscheiden, sollten Sie vorzugsweise neutral formulieren. Serienbriefe können Sie etwas aufwerten, indem

Sie sie auf einem Repräsentativbogen drucken und sowohl die persönliche Anrede als auch die Grußformel in königsblauer Tinte handgeschrieben und individuell formuliert hinzufügen. Nehmen Sie auf keinen Fall Ihren normalen Geschäftsbriefbogen dafür. Eine (kuvertierte) Karte hingegen eignet sich für Geschäftskontakte, die noch nicht so lange bestehen, oder wenn Sie nicht so viel zu sagen oder einfach nicht genügend Zeit haben, denn ein guter Brief kostet schon etwas Zeit. Verzichten Sie besser auf eingedruckte Standardtexte. Formulieren Sie selbst einen kleinen Gruß und überlassen Sie den Eindruck einer Druckerei, nicht Ihrem Bürodrucker.

Mehr Wertschätzung drücken Sie wieder aus, wenn Sie die Anrede und die abschließende Grußformel auf der vorgedruckten Karte handschriftlich einfügen und wenn Sie den Text eventuell auch noch durch einen auf den jeweiligen Adressaten zugeschnittenen handgeschriebenen Zusatz ergänzen. Auch der Umschlag wirkt per Hand beschriftet gleich viel persönlicher. Mit einer schönen Sonderbriefmarke sieht Ihr Weihnachtsgruß dann besonders individuell und stilvoll aus. Es darf also Weihnachten ruhig ein bisschen traditioneller zugehen.

Wann ist nun der richtige Zeitpunkt zum Versenden? Sie können ja auch einmal einer der Ersten sein und eine besinnliche Adventszeit wünschen oder Sie beschränken sich auf die Neujahrsgrüße. Wenn Sie jedoch selbst mit dem Weihnachtsfest nichts anfangen können oder wollen, dann nehmen Sie doch eine andere Gelegenheit – vielleicht den Winteranfang oder die ersten Knospen im Frühjahr – zum Anlass, einen persönlichen Gruß zu versenden. Wenn das zur Tradition wird, hat das doch was und Sie bleiben sich treu – das ist das Wichtigste, auch zu Weihnachten.

Kunstgenuss für jedermann

Was sollte man heutzutage beim Besuch von Opern-, Konzert- oder Theateraufführungen beachten?

Dass sowohl Opernaufführungen als auch klassische Konzert- und Theateraufführungen nicht mehr allein der sogenannten Oberschicht vorbehalten sind, ist ein großer Fortschritt, darüber sind sich die meisten Menschen wohl einig. Dass jedoch der Besuch einer solchen künstlerischen Veranstaltung kaum noch mit einer äußerlich deutlich sichtbaren und auch inneren Vorbereitung darauf verbunden ist, möchten nur die wenigsten Besucher akzeptieren – viele Künstler schon gar nicht.

Verhalten und Aussehen sollten auch beim Besuch von künstlerischen Veranstaltungen jeder Art angemessen sein – um der Vorstellung und allen Anwesenden mit der nötigen Wertschätzung zu begegnen. Dagegen steht die Meinung, man könne die Veranstaltung ebenso sehr schätzen und möglicherweise sogar mehr von der Kunst verstehen, wenn man bequem der Vorstellung folgt, obwohl man in solch legerer Aufmachung den Eindruck erweckt, man hätte sich gewissermaßen im Vorbeigehen für den Besuch der Aufführung oder des Konzertes entschieden. Viele Menschen haben nach wie vor an einer solchen Veranstaltung ein größeres Vergnügen, wenn sie festlicher gekleidet sind als normalerweise. Andere dagegen würden wohl gar keinen Kunstgenuss erleben, müssten sie fein gekleidet der Vorstellung folgen.

Doch welcher dieser Ansichten Sie persönlich auch eher zugeneigt sein mögen, zumindest bei Premieren oder Galaveranstaltungen ist es auch heute wünschenswert, diesem besonderen Anlass auch mit der passenden Kleidung Respekt und Wertschätzung zu bezeugen. Nicht nur, um den Abend besser genießen zu können, sollte man nicht im letzten Augenblick und gehetzt zur Aufführung erscheinen, sondern auch, um pünktlich die Plätze einzunehmen. Das ist insbesondere von denen, die in der Mitte sitzen, unbedingt zu erwarten.

Ausgesprochen schlechtes Benehmen ist es, während der Vorstellung Geräusche zu machen, zu flüstern, mitzusingen, gar zu essen, ein zu intensives Parfüm aufgelegt zu haben oder generell durch starken Geruch unangenehm aufzufallen. Wer sich mit dem Rücken zur Sitzreihe durch die Reihe zwängt, beweist nicht nur schlechtes, sondern gar kein Benehmen, ebenso wie diejenigen, die gar nicht daran denken aufzustehen, wenn jemand an ihnen vorbei zum Platz möchte. Wenn Operngläser dazu benutzt werden, andere Gäste zu beobachten, sind sie offensichtlich in falschen Händen, und ihre impertinenten Besitzer gehören ebenfalls in die Kategorie *Ungezogen*.

Der Applaus ist zwar eine schöne Möglichkeit, Gefallen auszudrücken, doch nicht zu jeder Gelegenheit: Nicht nur unangebracht, sondern auch ausgesprochen störend ist Applaus zwischen den Sätzen einer Sinfonie, bei offener Szene, wechselnden Bildern und immer dann, wenn der Zuschauerraum dunkel ist. Dafür darf er am Ende umso deutlicher ausfallen, wenn die Vorstellung gelungen war – sogar mit stehenden Ovationen. Ausgesprochen unhöflich sind Zuschauer, die den Saal verlassen, bevor der letzte Vorhang gefallen ist. Alles in allem sind nicht nur die Akteure – auf und hinter der Bühne –, sondern auch die Zuschauer dafür verantwortlich, dass die Vorstellung wirklich ein Kunstgenuss wird.

Ein Kleiderordnungsrückblick ins Jahr 1967:

Opernpremiere: Frack und großes Abendkleid; ansonsten genügt Smoking und kleines Abendkleid – doch zumindest *dunkler Anzug* und elegantes, möglichst schwarzes Nachmittagskleid

Operettenpremiere: Smoking und kleines Abendkleid; ansonsten genügen *dunkler Anzug* und elegantes, möglichst schwarzes Nachmittagskleid

Theaterpremiere: Smoking und kleines Abendkleid; ansonsten genügen *dunkler Anzug* und elegantes Nachmittagskleid

Konzerte: *dunkler Anzug* und elegantes, möglichst schwarzes Nachmittagskleid

Balletikette – wieder anders

Was ist bei der Balletikette zu beachten?

Bälle [französisch *bal*, zum lateinischen *ballare* = tanzen] sind an und für sich eine moderne Interpretation der Turnierfeste an französischen Höfen des Mittelalters. Sie sind ja heute wieder so richtig in Mode gekommen, und viele Menschen freuen sich auch über eine Einladung zu einer solchen Veranstaltung. Doch Ball ist nicht gleich Ball und daher ist auch die angemessene Balletikette vom Stil der jeweiligen Veranstaltung abhängig zu machen. Der Stil eines Balls ist für Sie meist schon unschwer am Stil der Einladung erkennbar. Hinzu kommen weitere Indizien wie der Veranstalter, die Adresse und die Kleiderordnung. Egal, welche Kleiderordnung – *Smoking* oder *Frack* – auch gewünscht wird, sie ist für Sie verbindlich. Deutlicher gesagt: Entweder halten Sie sich daran oder Sie gehen nicht hin. Auf diesen besonderen Abend sollten Sie sich gut vorbereiten. Wählen Sie rechtzeitig und in Ruhe aus, was Sie, entsprechend der von den Gastgebern oder von den Veranstaltern gewünschten Kleiderordnung, anziehen möchten, und gönnen Sie sich vielleicht vor dem festlichen Abend einen freien Tag – für sich. Damit Sie ausgeruht sind, gut aussehen und das Ereignis gebührend genießen können. Traditionell wurden Einladungen für einen Ball allein an Paare ausgesprochen. Das ist heute anders; nach wie vor werden Bälle meist nur von Paaren besucht, doch sie müssen nicht mehr zusammengehören. Das Haus betreten die Ballgäste dann in traditioneller Weise, indem die Männer die Frauen an ihrer rechten Seite in den Saal führen.

Im Foyer werden die Ballgäste dann mit einem Glas Champagner oder einem anderen Aperitif begrüßt, und erst wenn genügend Gäste gekommen sind, um den Ballsaal gut zu füllen, wird dieser geöffnet. Währenddessen können Sie auf der Placement-Tafel, die bei großen Veranstaltungen sogar mehrfach im Foyer ausgehängt ist, die Tischordnung einsehen. Hier sehen Sie, dass Paare bei einem Ball nicht wie im Allgemeinen üblich getrennt am Tisch platziert werden, sondern zusammen.

Bei der Begrüßung am Tisch stellt der Mann nun zunächst sich selbst und dann seine Begleiterin den anderen Paaren vor. Sollte er selbst bereits sitzen, wenn die anderen Tischnachbarn kommen, steht er bei der Vorstellungsprozedur stets erneut auf. In großer Abendrobe werden es beim Ball auch junge Frauen wieder als ein Privileg ansehen, bei der Begrüßung sitzen bleiben zu dürfen. Ausnahmsweise.

Nach dem stilvollen und eleganten Abendessen darf nun getanzt werden – nach eher traditionellen Regeln. Den ersten Tanz tanzt jeder mit seiner Begleitung. Offizielle Pflichttänze gibt es zwar heute auf einem Ball nicht mehr, doch können Männer später alle Frauen an ihrem Tisch zum Tanz auffordern, ohne dass dies falsch verstanden werden könnte. Bei privaten Bällen wird das sogar erwartet. Frauen können selbstverständlich jemandem einen Tanz auch abschlagen. Dann sollten sie diesen Tanz jedoch nicht mit jemand anderem tanzen. Das wäre kein guter Stil. Verabschieden müssen Sie sich auf einem offiziellen Ball nicht, Sie können einfach gehen und Ihre Ball-Partnerin nach Hause begleiten.

Sie gestatten war einmal

Wie fordert man höflich eine Frau zum Tanz auf?

Fordern Sie heute eine Frau zum Tanzen auf, so wird weder eine Verbeugung erwartet noch eine Floskel wie *Sie gestatten*? Auch die früher obligatorische Frage an den Tischherrn

beziehungsweise den Begleiter, ob er gestattet, dass Sie die Frau an seiner Seite zum Tanzen auffordern, ist so nicht mehr erforderlich – und doch wirkt es freundlicher, wenn Sie seine Frau nicht ungefragt entführen und ihn gar allein sitzen lassen. Viel schöner ist es, erst der Frau in die Augen zu schauen, sie freundlichst anzulächeln, das mit der Frage *Darf ich bitten?* oder *Möchten Sie tanzen?* zu verbinden und anschließend sich an ihren Begleiter zu wenden: *Hoffentlich sind Sie einverstanden.* Dann haben Sie schon gewonnen – falls Sie nicht die unerlässlichen Grundregeln der Höflichkeit vergaßen.

Bevor Sie eine Frau zum Tanz auffordern:

- stehen Sie immer auf
- schließen Sie Ihre Jacke
- nehmen Sie die Hände aus den Hosentaschen, falls sie darin sein sollten

Auf der Tanzfläche zeugt es von höflicher Aufmerksamkeit, wenn Sie den Zuschnitt des Kleides Ihrer Tanzpartnerin beachten; vermeiden Sie zu große Schritte, falls das Kleid einen engen Rock hat. Viele Frauen sind zudem dankbar, wenn der unbekannte Tanzpartner ihr Distanzbedürfnis respektiert. Ihr Griff sollte also nicht intensiver ausfallen, als es die korrekte Tanzhaltung erfordert. Nach dem Tanz bringen Sie Ihre Tanzpartnerin an ihren Tisch zurück und helfen ihr, Platz zu nehmen, indem Sie ihr den Stuhl heranrücken.

Trägt die Frau – beim Ball – ein langes Kleid, so wird sie es zu schätzen wissen, wenn Sie darauf achten. Wie oft Sie eine Ihnen vorher fremde Person zum Tanzen auffordern, ist weniger eine Frage des guten Stils als des Gefühls: Achten Sie darauf, ob sie sich noch freut, von Ihnen aufgefordert zu werden, ob ihr Begleiter womöglich schon unruhig wird oder ob sie inzwischen eine ablehnende Haltung einnimmt, wenn Sie sich ihr nähern.

Bei öffentlichen Bällen kann heute jeder Mann Frauen an seinem Tisch zum Tanzen auffordern. Offizielle Pflichttänze gibt es auch beim Ball heute nicht mehr. Allerdings wird von Ihnen als Mann mit guter Kinderstube erwartet, dass Sie die Begleiterin des Mannes, der gerade mit Ihrer Begleiterin tanzt, ebenfalls um einen Tanz bitten oder sich zumindest zu ihr gesellen, falls sie ansonsten allein wäre. Denn bei Bällen gelten noch eher traditionelle Regeln, da sollten Sie eine Frau nie allein an einem Tisch sitzen lassen! Das wäre kein guter Stil. Setzen Sie sich so lange neben sie, bis ihr Begleiter wieder zurückgekommen ist.

Bei privaten Bällen – Club-Bälle beispielsweise –, zu denen Sie persönlich eingeladen werden, ist es Sitte, dass jeder Mann alle Frauen am eigenen Tisch während des Abends zumindest einmal zum Tanzen auffordert. Selbstverständlich können – nach moderner Etikette – auch Frauen einen Mann zum Tanzen auffordern. Falls Frauen jemandem einen Tanz abschlagen, was selbstredend möglich ist, sollten sie diesen Tanz bitte nicht mit jemand anderem tanzen. Das wäre sehr unhöflich.

Verlobung

Wie wird eine Verlobung traditionell gefeiert, und wie hält man traditionell um die Hand einer Frau an?

«In den Jahren, in welchen so gern das Herz mit dem Kopfe davonläuft, bauet so mancher das Unglück seines Lebens durch übereilte Eheversprechungen» , sorgte sich 1788 Freiherr von Knigge um die jungen Männer, und das zu Recht, immerhin bedeutete eine Verlobung damals und auch noch bis vor wenigen Jahrzehnten nach dem Bürgerlichen Gesetzbuch (§§ 1297ff.) ein juristisch festgelegtes Versprechen für die Ehe. Das ist längst Vergangenheit; eine Verlobung bedeutet heute – juristisch gesehen – gar nichts mehr, und wohl weil ihr die frühere Bedeutungsschwere verloren ging, ist sie lange Zeit auch etwas aus der Mode gewesen. Doch inzwischen kann man zunehmend beobachten, dass junge Leute wieder Freude daran haben, mit diesem Zeremoniell den Beginn ihres gemeinsamen Lebens offiziell bekannt zu geben, um zu unterstreichen, dass sie es ernst meinen. Daher ist es schön, wenn sich beide der traditionellen gesellschaftlichen Bedeutung einer Verlobung bewusst sind – auch wenn sie die Zeit des Brautstandes (die Zeit zwischen Verlobung und Hochzeit) einfach mit einem fröhlichen *Wir haben uns verlobt* einleiten.

Doch wer lieber traditionell im Familienkreis feiern möchte, wird – mit einem Blick in die Vergangenheit – auch nicht darauf verzichten wollen, dass bereits der erste Schritt in die Ehe traditionsgemäß *comme il faut* getan wird. Vor der Verlobung freuen sich nämlich insbesondere Brauteltern, die Wert auf Traditionen legen, darüber, wenn der zukünftige Schwiegersohn offiziell um die Hand der Tochter anhält. Der junge Mann wird mit den Brauteltern an einem verabredeten Vormittags-Termin die Absichten des jungen Paares besprechen. Früher, eigentlich ist es erst ein paar Jahrzehnte her, trug er bei der Gelegenheit auf jeden Fall einen *dunklen Anzug*. Und wenn das in die Familie passt, ist es auch heute schön, der Bedeutung des Anlasses durch entsprechende Kleidung Rechnung zu tragen.

Ob nun aber mit oder ohne *dunklen Anzug*, nach wie vor hat der junge Mann für die zukünftige Schwiegermutter einen schönen Blumenstrauß mitgebracht. Zwar werden die Eltern der jungen Frau schon ahnen, was jetzt bevorsteht. Doch erst, wenn man sich gesetzt hat, wird das Anliegen vorgetragen, und wenn sich die Eltern der Braut über den Entschluss freuen, folgt die Festsetzung des Termins für die mehr oder weniger große Verlobungsfeier, die traditionsgemäß im Hause der Braut begangen wird. Zugleich wurde früher – Und warum nicht auch heute noch? – das bevorstehende Ereignis offiziell bekannt gegeben. Freunde, Bekannte und Verwandte erhielten eine repräsentative Klappkarte mit der Angabe eines Datums. Wer eine solche Verlobungsmitteilung bekam, wusste, dass er an diesem Tag zwischen 11.00 und 12.00 Uhr zum Empfang im Hause der Brauteltern für einen persönlichen Gratulationsbesuch erwartet wurde. Heute sollte man das allerdings etwas deutlicher formulieren: *Wir erwarten Euch von ... bis ... zum Empfang.* Das ist dann jedenfalls der Tag der offiziellen Verlobung.

Etwas später folgte die offizielle Verlobungsfeier im Hause der Brauteltern. Im Laufe der offiziellen Verlobungsfeier erhebt sich der Brautvater zu einer Tischrede und heißt den zukünftigen Schwiegersohn und seine Eltern im Familienkreis der Braut willkommen. Daraufhin steht der junge Mann auf, bedankt sich dafür und falls er das nicht bereits im kleineren Kreis getan hat, steckt er seiner zukünftigen Frau bei dieser Gelegenheit seinen Verlobungsring – mit Datum und seinem Monogram – an den Ringfinger der linken Hand, wo er in Deutschland bis zur Hochzeit getragen wird. Junge Männer sollten wissen, dass viele junge Frauen heute wieder sehr viel Wert auf die Tradition legen, dass der Bräutigam einen eigenen Verlobungsring – mit Stein – für sie aussucht. Damit das nicht schiefgeht und er ihr mit dem Ring auch wirklich eine Freude macht, sollte er unbedingt gut hinhören, wenn sie mit ihm an Schaufenstern von Juweliergeschäften stehen bleibt und die Auslage betrachtet, oder wenn sie ihm weniger direkt wichtige Hinweise gibt. So hielt man es früher und so könnte es auch noch heute sein, wenn es Ihnen gefällt.

Nach alter Sitte war es also üblich, dass für Verlobung und Hochzeit – als Investition in die Ehe der Tochter – allein der Brautvater die Rechnungen beglich, während der Vater des Bräutigams über die Ausbildung seines Sohnes dafür sorgte, dass er später Frau und Kinder ernähren konnte. Erfreulich, dass diese Tradition heute keine Existenzberechtigung mehr hat.

Standesamtliche Trauung

Wie ist ein Brautpaar für eine Hochzeit auf dem Standesamt korrekt gekleidet, und wie die Gäste?

Da eine Ehe nur rechtskräftig ist, wenn sie von einem Standesamt beurkundet wurde, muss die standesamtliche Trauung vor der kirchlichen Trauung stattfinden. Früher fand für gewöhnlich die standesamtliche Hochzeit am Vormittag im ganz kleinen Kreis statt und am selben Tag nachmittags wurde die kirchliche Hochzeit gefeiert. Dazwischen nahm man einen kleinen Imbiss ein und zog sich um. Nur wenn die standesamtliche Hochzeit am Nachmittag stattfand, wurde die kirchliche Hochzeit auf den Tag danach angesetzt.

Heute ist es möglich, die Zeitspanne zwischen standesamtlicher Trauung und kirchlicher Hochzeit erheblich weiter auszudehnen, und es ist lediglich noch üblich, zumindest innerhalb eines Jahres sowohl standesamtlich zu heiraten als auch die kirchliche Hochzeit zu feiern. Nur wenn gar keine kirchliche Hochzeit geplant ist oder wenn zwischen beiden Terminen nicht ausreichend Zeit zum Umziehen ist, trägt die Braut auf dem Standesamt ihr weißes Hochzeitskleid.

Ansonsten ist ein elegantes Jackenkleid oder Kostüm in Pastell-Tönen sowohl für die Braut als auch für die weiblichen Gäste passend. Wenn Sie Wert auf klassische Garderobe legen, wählen Sie Kleid bzw. Kostüm recht hochgeschlossen und langärmelig. Zumindest aber sollten Sie kein Dekolleté zeigen und weder schulterfrei noch völlig ärmellos gekleidet sein. Ein passender kleiner Hut ist zwar ausgesprochen elegant, aber nicht mehr zwingend. Selbstverständlich sind dagegen dezente Strümpfe und zumindest vorne geschlossene Schuhe. Eine kleine Handtasche und echter Schmuck machen das Gesamtbild dann komplett. Weibliche Gäste tragen auch bei der standesamtlichen Hochzeit weder Weiß noch fast Weiß. Diese Farbe ist ausschließlich der Braut vorbehalten, selbst wenn sie nicht in Weiß heiratet. Alle anderen Farben sind zwar denkbar, sollten jedoch zum Anlass passen und nicht dazu geeignet sein, die Aufmerksamkeit von der Braut abzulenken. Für Männer ist die standesamtliche Trauung, jedenfalls was die Kleidung betrifft, denkbar einfach: *dunkler Anzug.*

Und natürlich, wenn das Hochzeitspaar mehr Freude daran hat, im Blümchenkleid und hellem Herrenanzug zu heiraten, dann sollen sie sich das auch nicht nehmen lassen. Ihnen sei genauso Glück gewünscht wie allen, die eher traditionell heiraten wollen. Hauptsache ist schließlich, dass sie sich bewusst so entschieden haben und dass sie damit glücklich sind. Ob sie auch anderen damit eine Freude machen, müssen sie ebenfalls selbst wissen.

Doch ganz egal, für welche Kleidung Sie sich auch entscheiden, Sie sollten Ihre Hochzeitsgesellschaft am besten bereits in der Einladung über die gewünschte Kleiderordnung informieren, damit Sie sich und Ihren Gästen Enttäuschungen und Peinlichkeiten ersparen.

Kleidung der Braut und der weiblichen Gäste

Wie ist die Braut für eine Hochzeit in der Kirche korrekt gekleidet, und wie die weiblichen Gäste?

Erst bei der kirchlichen Hochzeit trägt die Braut ihr Brautkleid – traditionell mit Myrtenkranz und Schleier. Das klassische Hochzeitskleid ist aus stumpfer Seide oder Spitze gefertigt, hochgeschlossen und mit langen Ärmeln. Heute klingen solche Forderungen vielleicht etwas übertrieben, doch nach wie vor erscheinen Brautkleider, in denen die Braut freie Schultern oder ein großes Dekolleté zeigt, völlig unpassend. Zumindest in der Kirche und beim Essen sollte beides bedeckt gehalten sein, was sowohl die Eleganz der Braut als auch die Attraktivität des Kleides nur unterstreicht. Und da gewiss auch bei Ihrer Hochzeit über nichts so viel philosophiert wird wie über Ihr Brautkleid, ist es nur berechtigt, dass Sie ihm ganz besondere Aufmerksamkeit schenken.

Ganz in Weiß und mit Schleier wirken Brautkleider im Allgemeinen nur passend, wenn die Braut noch sehr jung ist. Ansonsten sind zarte Pastelltöne, Champagner oder auch ein gedecktes Off-White für das Brautkleid passender. Die Brautschuhe sind, wie auch die Strümpfe, in der Farbe des Kleides gehalten. Statt eines Schleiers ist heute auch ein ausgefallener, kuss-tauglicher Hut schön oder auch ein paar ins Haar gesteckte Blumen oder einfach eine schöne Frisur. Weniger elegant wirkt dagegen sehr langes offenes Haar. Mit dem Schmuck sollte die Braut ausgesprochen sparsam sein. Zudem kennt der Volksglaube die eine oder andere Regel zum Schmuck für Bräute: Weiße Perlen, sagt eine Legende, bedeuten Tränen in der Ehe, während eine andere Überlieferung besagt, dass Perlen Liebe und Schönheit versprechen, und wenn die Braut Steine tragen möchte, so sagt man, dann sollten es ausschließlich Brillanten sein. Alte Erbstücke sind aber immer ganz besonders edel und schön. Außerdem trägt die Braut unbedingt den Verlobungsring (mit Stein), den ihr der Bräutigam am Tag der Verlobung geschenkt hat.

Hat das Brautpaar mit der Einladung eine Kleiderordnung vorgegeben, ist alles ganz einfach. Dann gilt diese. Andernfalls ist die korrekte Kleidung der weiblichen Gäste – wie auch sonst – von der Kleidung der Männer abhängig. Die Kleidung der anwesenden Männer wiederum hängt stark von der Kleidung des Bräutigams ab. Aber egal, für welche Kleidung sich die Männer auch entscheiden, die eingeladenen Frauen tragen am Tage nicht Lang und niemals Weiß. Weiß ist und bleibt allein der Braut vorbehalten – auch dann, wenn sie kein weißes Kleid trägt.

Da die allermeisten Hochzeiten am Tage stattfinden, ist für die weiblichen Hochzeitsgäste ein elegantes Jackenkleid zu empfehlen, auch ein elegantes Kostüm – immer das Knie umspielend. Die Schultern müssen in der Kirche unbedingt bedeckt sein, korrekter noch wäre: recht hochgeschlossen und langärmelig. Strümpfe und geschlossene Schuhe sollten sowieso selbstverständlich sein. Ein Hut ist immer sehr schick und für diesen schönen Anlass besonders elegant! Insbesondere den Schwiegermüttern ist ferner zu empfehlen, sich in Farbe und Stil etwas aufeinander abzustimmen.

Nach der kirchlichen Trauung wird für den Abend ein festliches Diner oder ein Hochzeitsfest geplant sein, für das das Brautpaar bereits in der Einladung die Kleiderordnung vorgegeben hat. Nur, wenn am Abend die Männer im Smoking oder im Frack kommen (sollen), darf es für die Frauen die große Abendrobe sein. Für das abendliche Fest wird sich die Hochzeitsgesellschaft dann – bis auf die Braut – noch einmal umziehen müssen. Wird zur Kleiderordnung allerdings keine Angabe gemacht, tragen die Frauen auch am Abend ein kurzes Kleid beziehungsweise Kostüm oder einen eleganten Hosenanzug.

Kleidung des Bräutigams

Wie ist der Bräutigam für eine Hochzeit in der Kirche korrekt gekleidet?

Mit dem Anzug des Bräutigams wird die Kleiderordnung der gesamten Hochzeitsgesellschaft definiert – sowohl für den Tag als auch für den Abend. Dessen sollte sich das Brautpaar unbedingt bewusst sein; kennen die Gäste (Frauen und Männer) nämlich den Stil seines Anzugs, haben sie es leicht, sich dem Kleidungsstil des Brautpaares anzupassen.

Legt der Bräutigam Wert auf die traditionelle Etikette, ist tagsüber für ihn der *Cutaway Coat* (kurz: Cut), im Englischen morning coat, der einzige akzeptable Hochzeitsanzug während der kirchlichen Trauung. Der Cut wird wegen seines hochoffiziellen Charakters auch oft als *Frack des Tages* oder als der *große Gesellschaftsanzug* für den Tag bezeichnet. Der Cut ist an und für sich ein Gehrock, dessen schräg angeschnittene Vorderkante nach hinten in verlängerte Schöße ausläuft. Der klassische Cut ist schwarz und das passende Kleidungsstück für alle männlichen Hochzeitsgäste während der kirchlichen Trauung am Tage; nur dem Bräutigam ist auch der (hell) graue Cut erlaubt. Die hellgraue Hose ohne Umschlag darf ebenso nur vom Bräutigam und vom Brautvater getragen werden, wenn sie den hellgrauen Cut gewählt haben. Ansonsten wäre dazu auch die gestreifte Stresemannhose passend.

Obligatorisch gehören zum Cut:

- eine umschlaglose Hose, die hellgrau oder grau-gestreifte Stresemannhose
- eine ein- oder zweireihige Weste, traditionell, in Hellgrau oder in gelblichem Beige (buff) sowie in (fast) allen Pastelltönen, wie hellem Gelb, Hellblau oder Hellgrün
- ein weißes Kragenhemd oder ein hellblaues Hemd mit Winchesterkragen mit dezenter Seiden-Krawatte oder, traditionell, ein weißes Hemd mit Kläppchenkragen und dezent grauem Plastron. Zum Plastron gehört eine Nadel mit Perle oder Edelstein.
- ein passendes und zudem dezent-pastellfarbenes oder einfach weißes Einstecktuch
- schwarze Oxfords

Der für Hochzeiten silbergraue steife Zylinder (kein Chapeau claque) aus Seide und die hellgrauen Hirschleder-Handschuhe gehören ebenfalls dazu, werden in Deutschland allerdings häufig nur in der Hand getragen. Der Cut wird, gleich anderer Männerjacken, im Stehen geschlossen getragen, jedoch nie mit einer Quer-Schleife! Zum abendlichen Fest oder Diner kommt der Bräutigam dann dementsprechend im Frack oder zumindest im Smoking, der *dunkle Anzug* wäre im Verhältnis zum Cut ansonsten etwas wenig. Das ist dann auch die Kleiderordnung für die männlichen Gäste, wobei sie sich sicher nur dafür entscheiden werden, wenn dies auf der Einladung so gewünscht wird. Stresemann, Longjacket und *dunkler Anzug* sind festliche Kleidungsalternativen für den Bräutigam, wobei er die beiden zuletzt genannten sogar tagsüber und am Abend tragen könnte. Dann sind das auch die idealen Anzüge für die männlichen Hochzeitsgäste.

Selbstverständlich sind das alles traditionelle, wenn auch immer noch geltende Regeln. Sie sollten jedoch Hochzeitspaare niemals daran hindern, ihr hoffentlich schönstes Fest so zu feiern, dass sie die größte Freude daran haben. Gewiss sollte auch ein Hochzeitsfest zu den Protagonisten passen; es sollte ihren wirtschaftlichen Verhältnissen ebenso wie ihrem Geschmack, ihrem Alter und ihrem persönlichen Lebensstil entsprechen. Nur dann ist das schöne Fest stimmig und nur dann ist es auch eine Freude. Denn natürlich sind Hochzeiten auch in bescheidenerem Rahmen festlich.

Heiraten mit Brauchtümern

Welche Hochzeitsbräuche gibt es?

Hochzeitsbräuche haben oft eine alte Tradition. Manche sind regionaltypisch, einige sind sehr beliebt und andere wiederum, wie das Brautstehlen oder auch das Baumstammdurchsägen, können ein Schrecken für die ganze Hochzeitsgesellschaft sein, wenn die Organisatoren nur wenig Taktgefühl besitzen. Hier wird nur eine kleine nette Auswahl vorgestellt.

Bereits ein paar Tage vor der Hochzeit verabschieden sich die Brautleute getrennt voneinander von ihrem vorehelichen Leben – traditionell feierte zwar nur der Bräutigam den Junggesellenabschied, doch heute vergnügen sich auch viele Jungesellinnen mit ihren Freunden und Freundinnen, die einige Späße vorbereitet haben.

Am Vorabend der Hochzeit wird nach alter Sitte der Polterabend gefeiert, bei dem die Gäste Porzellan zerschlagen. Es soll die bösen Geister vertreiben, damit das Paar glücklich wird: *Scherben bringen Glück.* Außerdem soll das Paar beim Auffegen gemeinsam anpacken.

Traditionell schenkt sich das Hochzeitspaar am Hochzeitsmorgen gegenseitig ein ganz persönliches Geschenk. Traditionalisten glauben, dass das Geschenk unter dem Kopfkissen viele glückliche Ehejahre bedeutet.

Dass der Bräutigam das Hochzeitskleid nicht vor der Trauung sehen darf, ist ja bekannt, und dass der Schleier von niemandem probiert und auch der Braut erst am Hochzeitstag ins Haar gesteckt werden darf, wissen auch viele. Aber auch dies?

Als Zeichen dafür, dass die Braut sparsam und treu ist, war es üblich, dass sie ihre Brautschuhe in gesparten Pfennigen bezahlt.

Am Hochzeitstag sollte die Braut nach dem aus England stammenden viktorianischen Brauch *Something old, something new, something borrowed, something blue and a silver sixpence in your shoe* von alledem etwas bei sich tragen: etwas Altes aus ihrem bisherigen Leben, etwas Neues als Symbol für das beginnende Eheleben, etwas Geliehenes, das schon von einer anderen (glücklichen) Braut getragen wurde, als Vorzeichen von Glück und Freundschaft und etwas Blaues als Sinnbild von Treue und Reinheit. Außerdem soll ein Geldstück im linken Brautschuh der Garant dafür sein, dass das Geld in der Ehe nie ausgehen wird.

Beim Ankleiden des Hochzeitskleides sind der Braut die Brautjungfern behilflich. Wird der Verlobungsring auch der Ehering sein, so sollte die Ringjungfrau ihn der Braut abnehmen und später dem Bräutigam übergeben. Würde die Braut dies selbst tun, brächte ihr das Unglück, sagt man. Sollte eine der Brautjungfern den Ring sich selbst heimlich überstreifen, wird sie keinen Mann bekommen, sagt ein weiterer Aberglaube.

Die unverheirateten Brautjungfern sollten Kleider tragen (die auch am Tage lang sein dürfen, jedoch nicht weiß), die dem der Braut ähneln, um auf diese Weise die bösen Geister von der Braut abzulenken.

Der Bräutigam wird die Ringe dann durch seinen Vater oder einen seiner Trauzeugen an den Geistlichen übergeben lassen. Und erst vor der Abfahrt zur Kirche wird eine der Brautjungfern der Braut den weißen Brautstrauß überreichen, den der Bräutigam für sie besorgt hatte. Sie wird ihn der Braut während des Ringwechsels abnehmen, während ein Brautführer dem Bräutigam den Zylinder für diese Zeit abnimmt. Die Eheringe werden in Deutschland auf dem Ringfinger der rechten Hand getragen.

Das Blumenstreuen soll dem Brautpaar reichlich Nachwuchs bescheren. Gleich nach der Trauung wirft die Braut den Brautstrauß rückwärts unter die umstehenden, unverheirateten Frauen. Diejenige, die den Brautstrauß auffängt, wird als Nächste heiraten. So sagt es jedenfalls der Hochzeitsbrauch.

Wenn das Brautpaar nach der Trauung nach englischer Sitte mit Reis beworfen wird, soll die Anzahl der Reiskörner im Haar der Braut die Anzahl der Kinder prophezeien.

Mit ihrer Gratulation an die Jungvermählten und ihre Eltern warten die Gäste im Allgemeinen bis zum Hochzeitsempfang. Zuerst gratulieren sie natürlich dem Brautpaar und anschließend den Eltern des Brautpaares.

Sobald das Brautpaar das eigene Heim wieder erreicht, soll der Bräutigam seine Frau über die Schwelle tragen, da unter der Türschwelle böse Geister seien, die der Braut ihr Glück nicht gönnen. Vor ihnen bewahrt er sie.

Der Hochzeitszug

Wie formiert sich traditionell ein Hochzeitszug?

Wenn Sie nach der klassischen Hochzeitsetikette heiraten und feiern wollen, sollten Sie zunächst wissen, dass diese von einer traditionellen Familie ausgeht, nach der den leiblichen Eltern während der gesamten Hochzeit eine Vielzahl Privilegien zustehen. Ist das so, aus welchen Gründen auch immer, bei Ihrer Hochzeit nicht möglich, sollten Sie versuchen, die Etiketteregeln – wie ja auch sonst – sinngemäß anzuwenden. So könnten ranghohe Familienmitglieder oder besonders Nahestehende die Ehrenplätze einnehmen und die ehrenvollen Aufgaben übernehmen.

Für das Hochzeitszeremoniell in der Kirche können zwar keine allgemeingültigen Regeln gegeben werden, da sie regional und konfessionell zu unterschiedlich sind. Fast immer jedoch beginnt es mit dem Brautzug. Während die Hochzeitsgäste schon längst in der Kirche Platz genommen haben, formiert sich der Brautzug vor der Kirche oder in der Sakristei und betritt normalerweise in folgender Reihenfolge die Kirche. Manchmal gehen Brautjungfern und Brautführer vor Blumen streuenden Kindern bis ans Ende des Kirchenschiffs und warten dort rechts und links vom Mittelgang, um ein Spalier zu bilden. Doch kann das auch anders geregelt werden, und es müssen auch nicht unbedingt Kinder da sein, die Blumen streuen. Das ist heute lediglich eine schöne Begrüßung – oder eine schöne Begleitung auf dem Weg aus der Kirche hinaus.

Traditionell ist es Sitte, dass der Bräutigam mit seiner Mutter als Erster die Kirche betritt. Seine Mutter setzt sich in die erste Reihe, während er mit dem Rücken zum Altar davor stehen bleibt, um auf die Braut zu warten. Der Vater des Bräutigams schließt sich mit der Mutter der Braut an. Beide nehmen ebenfalls in der ersten Reihe Platz. Dann folgen paarweise die engsten Verwandten, wobei diejenigen, die mit dem Brautpaar näher verwandt sind, vorn gehen. Als Höhepunkt und Abschluss des Brautzuges führt der Brautvater die Braut zum Altar, während der Bräutigam sie dort erwartet. Auch der Brautvater nimmt anschließend in der ersten Reihe Platz.

Da die Braut für die evangelische Kirche bereits verheiratet ist, nimmt sie den Platz an der rechten Seite ihres Mannes ein. Im Sinne der katholischen Kirche sind beide noch nicht verheiratet, daher wird die Braut dem Bräutigam bei einer katholischen Trauung an seiner linken Seite angetraut. So müssen beide im Übrigen beim Verlassen der Kirche auch keinen Platzwechsel vornehmen. Sie drehen sich nach der Zeremonie einfach auf der Stelle in Richtung Ausgang und stehen dann bereits richtig – die Frau an der rechten Seite ihres Mannes. Im Anschluss an das kirchliche Zeremoniell gratuliert nach alter Sitte der Geistliche als Erster noch vor dem Altar und geleitet die frischgetrauten Eheleute zum Kirchenausgang: die Frau an der rechten Seite des Mannes.

Die Hochzeitstafel

Welche Regeln sollten für die Sitzordnung an der Hochzeitstafel beachtet werden?

Die klassische Hochzeitsetikette geht ja für die gesamte Hochzeitszeremonie von einer vollständigen und auch intakten Familie aus. Sie sollten daher diese Regeln nur als Empfehlung ansehen und gegebenenfalls sinngemäß umsetzen, so dass sie Ihrer persönlichen Situation gerecht werden. Vor allem aber so, dass das Fest für Sie, aber auch für Ihre Lieben ein schönes Ereignis wird, an das man sich auch deshalb gern erinnert, weil man sich angemessen platziert sah. Bedenken Sie dabei, dass sich an einer Hochzeitstafel zwangsläufig eine Rangfolge ergibt, daher sollte sie besser bewusst als Wertschätzung gewählt werden. Für die Platzierung an der Hochzeitstafel gilt nicht nur nach deutscher Sitte nach wie vor folgende Sitzordnung:

- Die Braut sitzt rechts vom Bräutigam.
- Rechts neben der Braut wird der Vater des Bräutigams platziert und daneben die Brautmutter, als seine Tischdame.
- Links vom Bräutigam sitzt seine Mutter. Ihr Tischherr ist der Brautvater.
- Wenn der Geistliche zu Gast ist, sitzt er dem Brautpaar gegenüber oder rechts neben der Brautmutter.

Auf diese Weise ist gesichert, dass das Brautpaar nebeneinander und der Bräutigamvater neben der Braut sitzt sowie dass die beiden Mütter jeweils einen der beiden ranghöchsten Männer als Tischherrn an ihrer linken Seite haben, mit dem sie nicht verheiratet sind. Die Platzierung ist insbesondere empfehlenswert, wenn die Familie an der Längsseite einer langen Tafel platziert werden kann. Bei einer anderen Tafelform bleibt es zumindest dabei, dass allein das Brautpaar nebeneinander platziert wird und dass neben der Braut ihr Schwiegervater sitzt.

Seitwärts schließen sich Männer und Frauen möglichst im Wechsel an, wobei die Trauzeugen möglichst nah beim Brautpaar bleiben. Bei der Platzierung der übrigen Gäste gilt, je dichter sie beim Brautpaar sitzen, desto enger ist die Beziehung zu ihnen. Geschwister und nahe Verwandte sollten also nicht am anderen Ende des Saals platziert werden.

Es bleibt dabei, dass Ehepaare zwar getrennt zu platzieren sind, sie aber dennoch Blickkontakt haben sollten. Wichtig ist, die Tischordnung so zusammenzustellen, dass die Gäste sich untereinander verstehen; nach Möglichkeit sind also Gäste mit ähnlichen Interessen nebeneinander zu platzieren. Alteingesessene Cliquen sollten getrennt werden, sonst haben sie am Tisch nur ihre eigenen Themen, bei denen die anderen Gäste nicht mitreden können und sich schnell langweilen.

Eine traditionelle Empfehlung der Reihenfolge für die Tischrede:

1. Geistlicher
2. Brautvater
3. Bräutigamvater
4. anschließend können Gäste ganz kurz sagen, was sie zu sagen haben.

Eine traditionelle Empfehlung der Reihenfolge für den Tanz:

1. Brautpaar
2. der Bräutigam mit der Brautmutter, die Braut mit dem Bräutigamvater und seine Mutter mit ihrem Vater

Nach dem ersten Tanz wird sich die Tanzfläche füllen und das Brautpaar darf sich unauffällig zurückziehen, um vielleicht auf Hochzeitsreise zu gehen. Heute erlebt man das allerdings selten; vielmehr feiert das Brautpaar meist bis zum Morgen mit und käme gar nicht auf den Gedanken, das schöne Fest frühzeitig zu verlassen. Warum auch?

Hochzeitsjubiläen

1 Jahr	*Baumwollene Hochzeit*	30 Jahre	*Perlenhochzeit*
3 Jahre	*Lederne Hochzeit*	33 1/3 Jahre	*Knoblauchhochzeit*
5 Jahre	*Hölzerne Hochzeit*	35 Jahre	*Leinenhochzeit*
6 Jahre	*Zinnerne Hochzeit*	37 Jahre	*Aluminiumhochzeit*
7 Jahre	*Kupferne Hochzeit*	40 Jahre	*Rubinhochzeit*
8 Jahre	*Blecherne Hochzeit*	45 Jahre	*Messinghochzeit*
10 Jahre	*Rosenhochzeit*	50 Jahre	*Goldene Hochzeit*
11 Jahre	*Nickelhochzeit*	55 Jahre	*Juwelenhochzeit*
12 Jahre	*Petersilienhochzeit*	60 Jahre	*Diamantene Hochzeit*
15 Jahre	*Kristallene* oder auch *Gläserne Hochzeit*	65 Jahre	*Eiserne Hochzeit*
		67 Jahre	*Steinerne Hochzeit*
20 Jahre	*Porzellanhochzeit*	70 Jahre	*Gnadenhochzeit*
25 Jahre	*Silberhochzeit*	75 Jahre	*Kronjuwelenhochzeit*